Code
de la route
2001

Permis véhicule léger

PRÉSENTATION

QUEL CONDUCTEUR CONFIRME CONNAIT PARFAITEMENT LE CODE DE LA ROUTE ?

Il semble évident, chacun en conviendra, qu'après quelques années de conduite, même avec une pratique quotidienne, on ne se souvient plus de toutes les règles apprises lors de notre formation au permis de conduire au sein de l'auto-école.

Sans parler des nouvelles mesures qui surviennent régulièrement et qui modifient la règle du jeu.

Le CODE DE LA ROUTE MICHELIN vous permettra de réviser et de mettre à jour vos connaissances.

Cependant, ce livre dépasse le contenu d'un simple code de la route.

La première partie fournit des réponses à des problèmes concrets que se posent chaque jour des centaines de conducteurs.

Qu'il s'agisse du transport des enfants, du contrôle technique, de l'Apprentissage Anticipé de la Conduite, vous trouverez une présentation simple et complète de la législation en vigueur et de la façon dont vous pouvez l'appliquer.

De plus, MICHELIN vous apporte des informations précieuses et extrêmement documentées sur ses spécialités que sont les pneumatiques et les cartes routières.

Le CODE DE LA ROUTE MICHELIN est destiné en premier lieu aux automobilistes confirmés.
Mais, il constitue aussi auprès des futurs conducteurs, un ouvrage de référence qui contient tout le programme de formation théorique que doit obligatoirement connaître chaque élève.

Contenu

LES PNEUMATIQUES — P.IV

LE CONTROLE TECHNIQUE — P.XVI

L'ACHAT ET LA VENTE D'UN VÉHICULE — P.XX

DU TERRAIN À LA CARTE — P.XXIII

LE TRANSPORT DES ENFANTS — P. XXIX

III

L'APPRENTISSAGE ANTICIPÉ DE LA CONDUITE (A.A.C.) — P. XXXI

LE CODE DE LA ROUTE — P.1 à 272

LE PNEUMATIQUE

En apparence un objet banal, noir, rond… mais qui roule !

En réalité, un produit complexe de haute technologie, mettant en œuvre des techniques et des matériaux très divers.

Il se compose : d'une jante, d'un enveloppe, parfois d'une chambre à air, et surtout d'air sous pression.

L'ensemble de ces constituants s'appelle le pneumatique.

LES FONCTIONS DU PNEU

Partie souple de l'ensemble tournant, le pneu constitue le seul point de liaison de la voiture avec le sol.
Pour une roue, ce contact est réduit à une surface équivalente à celle d'une main.

Le pneu doit donc se contenter de cette aire extrêmement réduite pour remplir un grand nombre de fonctions :

- propulser,
- freiner,
- porter,
- amortir,
- diriger et stabiliser.

La première fonction du pneu est de porter la charge.
La charge statique ne doit pas déformer le pneu d'une manière permanente.
En roulant, la charge supportée par un pneu est variable : elle dépend des accélérations, des freinages, des prises de virages, de l'inclinaison et de l'état des revêtements.

Le pneu assure la transmission du couple moteur et du couple de freinage.
Pour que la puissance du moteur soit utilisée au déplacement, le pneu ne doit ni glisser, ni patiner.

La structure du pneu, son état d'usure et ses conditions de fonctionnement doivent permettre au conducteur un contrôle constant et absolu de son véhicule.

Son rôle est capital dans le freinage ; en adhérant à la route, le pneu doit rester directionnel, y compris sous l'impulsion d'un freinage brutal.

Enfin, dès son invention, le pneu a été conçu comme un élément de suspension permettant de soustraire la mécanique et les passagers aux vibrations remontant du sol.

Ce rôle est assumé grâce à la flexibilité verticale du pneu.

LES ELEMENTS DU PNEU

- La bande de roulement, en contact avec le sol, permet d'obtenir une adhérence avec un minimum de glissement, et d'évacuer l'eau d'une chaussée mouillée ; elle résiste aux chocs et à l'usure.

- Les flancs assurent la continuité entre la bande de roulement et les talons bloqués sur la jante, absorbent les flexions verticales ou latérales. Ils transmettent sans retard les ordres de la direction. Eux aussi doivent résister aux agressions extérieures en tout genre.

- Les talons doivent maintenir la jante sur les sièges (ou seats), de manière à permettre la transmission d'un couple à l'accélération ou au freinage. C'est pour cela qu'ils contiennent des câbles d'acier inextensibles : les tringles.
Ils assurent, en outre, une jonction étanche entre le pneu et la jante.

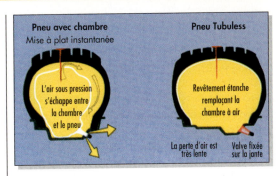

Pneu avec chambre — Mise à plat instantanée
L'air sous pression s'échappe entre la chambre et le pneu

Pneu Tubeless — Revêtement étanche remplaçant la chambre à air
La perte d'air est très lente. Valve fixée sur la jante.

- Tubetype ou tubeless ?
Le pneu démontable Michelin comportait à l'origine une enveloppe et une chambre à air séparée contenant l'air sous pression. Depuis les années cinquante sont apparus les pneus dits sans chambre (tubeless), ou à chambre incorporée.

La chambre séparée présentait en effet quelques inconvénients : augmentation du poids non suspendu, risque de pincement au montage entre le talon du pneu et la jante, et dégonflage rapide en cas de perforation. Le pneu sans chambre élimine ces inconvénients. Sa paroi interne est constituée d'une couche de gomme synthétique très étanche à l'air.
Il se monte sur une jante spéciale avec une valve appropriée et se répare facilement en cas de crevaison. Si cela vous arrive, exigez qu'on ne monte pas une chambre à air.

Avantage d'un pneu tubeless :
- poids réduit de l'ensemble pneumatique.
- simplification du montage.
- pas de risque de pincement.
- diminution des risques d'éclatement.
- dégonflement très lent en cas de perforation.
- pas de risque de poche d'air entre chambre et enveloppe.
- facilité de réparation.

LE PNEU A CARCASSE RADIALE

Inventé par Michelin en 1946, il est le résultat d'une longue recherche visant à éliminer les principaux défauts du pneu à structure diagonale.

La bande de roulement et les flancs travaillent indépendamment : les déformations de la zone de contact avec le sol sont donc très réduites, d'où une diminution des frictions génératrices d'échauffement et d'usure.

Les avantages du radial, maintenant universellement adopté par les manufacturiers, sont les suivants :

- moindre échauffement du pneu, d'où meilleur rendement,
- meilleure tenue de route par augmentation de l'adhérence,
- réduction très importante de la consommation de carburant, à performances égales,
- souplesse et confort améliorés du fait d'une grande flexibilité verticale,
- réduction considérable de l'usure, endurance améliorée.

LE PNEU : MODE D'EMPLOI

■ Comment choisir ?

Tout automobiliste sera amené à changer les pneus de son véhicule, le plus souvent par suite de l'usure normale.

Dans tous les cas, le changement de pneu se fait compte tenu des spécifications du constructeur automobile et des recommandations du fabricant.

- ● Les critères de choix sont d'abord techniques (voir la fiche des mines du véhicule) :
  - marque, type et puissance du véhicule,
  - poids maximal sur chaque essieu.

- ● Ils dépendent également des conditions d'utilisation de la voiture :
  - vitesse maximale recherchée,
  - type de conduite : sportive ou tranquille,
  - nature et profil des routes : plaine ou montagne, route ou autoroute,
  - conditions climatiques : pays secs ou pluvieux, risques de verglas, de neige.

- ● La réglementation enfin, s'ajoute aux critères techniques et d'utilisation et impose à l'automobiliste un certain nombre d'obligations concernant le type de pneus utilisables sur les voitures particulières et sur les remorques, ainsi que l'usure maximale admissible.

Savoir lire un pneu

Issus d'une codification internationale, les marquages moulés dans les flancs définissent complètement un pneu et ses conditions d'utilisation.
Ils indiquent aussi son origine et sa date de fabrication.

185/70 R 14 88H : traduction

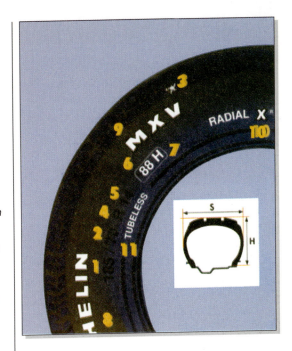

1 - 185 : largeur totale du pneu en millimètres de flanc à flanc.

2 - 70 : indication du rapport H/S entre la hauteur du flanc et la largeur de la section du pneumatique.

3 - "Bib" : repérant l'emplacement de l'indicateur d'usure.

4 - R : indique une structure radiale.

5 - 14 : diamètre intérieur du pneumatique de talon à talon exprimé en pouces.

6 - 88 : indice de charge, indique la limite de charge maximale admissible par le pneu à vitesse maximale (88 correspond à 560 kg).

7 - H : indice de vitesse, donne la vitesse maximale d'utilisation du pneu (H correspond à 210 km/h).

8 - MICHELIN : marque enregistrée.

9 - MXV : référence du pneu.

10 - X : marque enregistrée.

11 - Tubeless : Pneu sans chambre.

Code de vitesse	L	M	N	P	Q	R	S	T	H	V	W	Y	VR	ZR
Vitesse en km/h	120	130	140	150	160	170	180	190	210	240	270	300	>210	>240

VII

LES FACTEURS QUI MODIFIENT LE RENDEMENT

Les perfectionnements apportés aux pneumatiques depuis les origines se sont essentiellement traduits, pour l'utilisateur, par une augmentation spectaculaire du kilométrage potentiel.

Vers 1906, un pneu pouvait au maximum parcourir 3000 km. A présent, certains pneus radiaux peuvent accomplir 60 000 km ou plus avant d'être usés.

Toutefois ce rendement kilométrique dépend de plusieurs facteurs :

- **la vitesse :**
  un pneu s'use deux fois plus vite à 120 km/h qu'à 70.

- **la charge :**
  une surcharge de 20 % provoque une diminution du rendement de 30 %.

- **le climat :**
  l'usure croît avec la température. Celle-ci modifie la rigidité des mélanges de gomme et entraîne des pertes de matière plus importante.
  L'humidité réduit en revanche l'usure, en diminuant la température de fonctionnement. Cependant en milieu humide le pneu est plus sensible aux coupures.

- **la pression de gonflage :**
  c'est le facteur clé du rendement, du confort et de la sécurité.
  Il détermine, pour une charge donnée, la surface de contact et le degré de souplesse des flancs.
  Le rendement d'un pneu sous-gonflé de 20% est réduit de 30% ; il s'échauffe, s'use très vite et risque d'éclater.

- **le style de conduite :**
  une conduite brutale entraîne des accélérations et des freinages violents, des dérapages et des patinages.
  Les reports de charge dynamiques qui en résultent accroissent anormalement la charge des pneus, et se traduisent par des échauffements excessifs conduisant à une baisse de rendement importante.

- **les revêtements routiers :**
  le rendement du pneu est fortement influencé par la nature du revêtement des routes.
  Un pneu s'use six fois plus vite sur un revêtement de cailloux compactés (enrobés) que sur un goudron lisse, sans parler des risques de coupures (favorisés par l'eau).

- **le profil des routes :**
  statistiquement, sur les voitures de puissance moyenne, les pneus s'usent deux fois plus vite en montagne, où les routes sont souvent plus sinueuses qu'en plaine.

- **le type de véhicule :**
  Sur les voitures rapides, cette usure peut varier de un à cinq.

QUELQUES CONSEILS

■ **Le gonflage**

Une bonne pression est un facteur de sécurité et de longévité du pneumatique.
Contrôler régulièrement cette pression est donc une précaution indispensable au bon fonctionnement du pneu.

Les principaux points à respecter :
- l'écart de pression avant-arrière, nécessaire à l'équilibre du véhicule, doit être impérativement respecté.
- la pression doit être vérifiée de préférence à froid. Toutefois, si on est amené à réaliser ce contrôle à chaud, la pression du pneu doit alors être celle préconisée par le constructeur ou le manufacturier, majorée de 0,3 bar.
Si la pression mesurée est inférieure à cette valeur, il est alors nécessaire de la réajuster.
En revanche, il ne faut jamais dégonfler ses pneus à chaud.

- la présence du bouchon de valve est indispensable car il est un élément important d'étanchéité. Après chaque vérification de pression, il faut s'assurer du bon état des bouchons de valve et les repositionner correctement.
- n'oubliez pas de vérifier également la pression de la roue de secours.

Ne connaissant pas par avance la position où elle sera montée sur le véhicule, ni les conditions de charge de ce dernier, il convient de la surgonfler de 0,3 bar par rapport à la pression préconisée (ne pas oublier d'ajuster sa pression d'utilisation dès que possible après sa mise en service).

Le montage
Avant tout montage, il faut s'assurer de la concordance parfaite entre le pneu et la jante, notamment s'il s'agit de pneus de séries larges.
Le montage doit s'effectuer sur une jante ne présentant aucune trace de rouille, de corrosion ni de déformation.
Ces précautions s'appliquent encore plus rigoureusement aux pneus tubeless, dont les jantes doivent présenter une étanchéité parfaite au niveau des zones d'accrochage des talons et à l'orifice de la valve.
Dans le cas d'un pneu à chambre, il est conseillé de monter une chambre neuve dans une enveloppe neuve, et dans le cas d'un pneu tubeless de changer la valve.

Il est absolument nécessaire de vérifier régulièrement la pression de gonflage de ses pneumatiques (au moins une fois par mois) et d'adopter la juste pression préconisée par le constructeur du véhicule ou le manufacturier.

En effet, surgonflage et sous-gonflage injustifiés entraînent des risques pour la sécurité et le rendement :

- surgonflage = adhérence diminuée, risques de patinage, risques de coupures, fatigue des suspensions.

- sous-gonflage = fatigue de la carcasse, échauffement, détérioration des composants internes du pneu, direction flottante, risques d'éclatement.

- Variation de charge.
  L'utilisation des pneus au voisinage de leur charge maximale peut justifier un surgonflage.
  Consultez dans ce cas un spécialiste, notamment si le véhicule est utilisé régulièrement dans ces conditions.

- Voiture tractant caravane, remorque à bateau : faut-il modifier la pression des pneus ?
  Dans ce cas particulier, il ne faut jamais oublier que le poids de la remorque accroît la charge à l'arrière du véhicule.
  Il est donc nécessaire d'augmenter la pression des pneus arrière de votre voiture de 0,4/0,5 bar.
  Cela peut être plus si la charge supplémentaire sur l'essieu arrière est très importante (se conformer aux indications des tableaux de gonflage du manufacturier).

- Remorque, caravanes... : quelles pressions adopter ?
  Pensez à contrôler la pression des pneus du véhicule tracté et à l'ajuster en fonction de la charge.

- Et les camping-cars ?
  Il convient d'observer quelques conseils propres à ce type de véhicule :
  - respecter le poids total en charge autorisé par le constructeur (indiqué sur le certificat de conformité et sur la carte grise du véhicule).
  - répartir les charges de manière égale sur tous les essieux, afin de ne pas surcharger ou déséquilibrer le véhicule.
  - ajuster la pression et vérifier l'état d'usure de ses pneus, essieu par essieu, selon les valeurs indiquées par le constructeur ; des écarts de pression sur un même essieu provoqueraient un mauvais comportement au roulage.

■ Détecter l'usure

La profondeur minimale des sculptures est fixée par la loi à 1,6 mm.

Au-dessous de cette valeur, les pneus sont considérés comme "lisses" donc dangereux sur chaussée mouillée.

Les manufacturiers ont muni les pneus d'indicateurs d'usure.

Ce sont de petits pains de gomme moulés au fond des sculptures et d'une hauteur de 1,6 mm.

Lorsque la bande de roulement atteint ce niveau d'usure, ces témoins forment des bandes transversales lisses et continues très visibles.

Il faut dès ce moment changer ses pneus. Michelin signale l'emplacement des indicateurs d'usure par un petit "Bibendum" sur l'épaule du pneu.

Info pratique

Une surveillance attentive de l'usure des pneumatiques est primordiale pour la sécurité.

L'astuce bien connue qui consiste à placer une pièce de un franc (celle portant la Semeuse sur une face) dans le fond de la sculpture pour vérifier l'usure du pneu reste toujours valable : si le pied de la semeuse est au niveau du bord supérieur de la bande de roulement, la profondeur résiduelle de la sculpture est proche de 1,6 mm (valeur légale minimale).

Il faut alors impérativement changer les pneumatiques.

Vérifiez également si l'usure est régulière d'un bord à l'autre du pneu.

Une usure anormale peut provenir d'un mauvais état ou d'un mauvais réglage des organes mécaniques du véhicule.

■ Un bon équilibrage

L'ensemble roue-pneumatique doit être en équilibre par rapport à son axe de rotation.

S'il présente un excès de poids localisé (un balourd), la roue sera soumise, à certains régimes, à de très fortes vibrations qui se répercuteront dans la direction.
Ces vibrations détériorent les articulations de la direction ou du châssis, affectent la tenue de route et endommagent les pneus par une usure irrégulière.

L'équilibrage sera confié à un professionnel disposant du matériel adapté, car cette opération doit être effectuée en statique et en dynamique, lorsque la roue est en rotation.
Les balourds étant repérés, on les compense par la pose de petites masses de plomb accrochées au rebord de la jante.

Ces masses peuvent être arrachées par un choc contre un trottoir.
Il convient de s'assurer fréquemment de leur bon positionnement.

■ Et la roue de secours…

Comme les autres pneus, celui de la roue de secours ne doit présenter ni coupures, ni détérioration apparente, ni usure.

La pression de gonflage de cette roue doit aussi être régulièrement vérifiée et surgonflée de 0,3 bar par rapport au pneu le plus fortement gonflé de la voiture.

LES EQUIPEMENTS POUR LA NEIGE

■ Les équipements traditionnels

Les pneus "cloutables" font l'objet d'une réglementation spéciale et ne sont utilisables qu'à certaines périodes de l'année, définies par arrêté ministériel.
La vitesse maximale tolérée est, dans ce cas, de 90 km/h.
La voiture doit porter à l'arrière un disque indiquant qu'elle est équipée de pneus à clous.   Les chaînes antidérapantes, utiles en cas de parcours de courte durée, ne doivent être utilisées que sur des routes enneigées.
Dans ce cas, la vitesse sera extrêmement modérée.

■ Les pneus hiver

Les manufacturiers ont mis au point des pneus hiver, non cramponnés, mais cependant dotés d'une excellente adhérence sur sols enneigés, grâce à des mélanges de gomme performants à très basses températures, et grâce à leurs sculptures fortement lamellisées. Ces pneus permettent, selon leur type, une vitesse maximale de 160, 190 ou 210 km/h sur un bon revêtement.

Il convient toutefois d'adapter la vitesse de son véhicule aux conditions climatiques et de fortement modérer son allure sur neige ou verglas.

■ La "lamellisation" neige Michelin

La lamellisation inclinée inventée par Michelin a profondément transformé le marché européen du pneumatique neige.
Procurant au pneu une efficacité maximale et une grande souplesse d'utilisation, cette technologie en constante évolution a rapidement supplanté la technique du cloutage.
Cette lamellisation inclinée se retrouve dans des pneus tels que les XM+S 130 et XM+S 330.

Pour une efficacité plus grande sur la neige, Michelin révolutionne à nouveau la technologie du pneu neige avec la lamelle Y du pneu Alpin (brevet exclusif Michelin).
A l'état neuf, l'effet « surface au sol » lié à la lamellisation Y permet une exploitation maximale du potentiel d'adhérence du matériau de la bande de roulement. Cela se traduit par des limites d'adhérence en courbe repoussées et des distances de freinage nettement raccourcies. Ces qualités ne s'évanouissent pas avec les kilomètres. En effet après 30 % d'usure environ, le XM+S alpin dispose d'un nombre de lamelles doublé. L'effet « griffe » qui en résulte permet au pneu de conserver une excellente adhérence.

MONTAGES

Il est impératif de faire des montages homogènes sur un même essieu :
- même sculpture,
- usure voisine (différence légale maximale = 5 mm),
- même indice charge/vitesse.

Dans le cas de montage de deux pneus neufs avec deux pneus ayant déjà roulé, il est conseillé de monter les pneus neufs à l'arrière du véhicule.
Les pneus hiver, les pneus haut de gamme (indice de vitesse V, W, et Z) doivent impérativement être montés par quatre.

CONTROLE TECHNIQUE

Depuis le 1er octobre 1993, les pneumatiques sont inclus dans les éléments du contrôle technique.

Les différents points qui obligent à représenter le véhicule sont :

■ Conformité : montage des pneus.

Incompatibilité avec les arrêtés du 29 juillet 1970, du 18 juillet 1985 et du 24 octobre 1994.

L'article 3 de l'arrêté du 16/11/94 interdit, entre autres dispositions :

Point 3-2 : de monter des pneumatiques de structures différentes sur un même véhicule.

Point 3-3 : de monter des pneumatiques de types différents sur un même essieu, en simple ou en jumelé.
La définition de "type de pneumatiques" est donné par le journal Officiel des Communautés européennes n°1-129/105 du 14/05/92. en conséquence, lorsque le Code de la Route interdit de monter des pneus de structures ou types différents sur un même essieu, il entend que les pneus doivent être de :
- même marque
- même dimension
- même catégorie d'utilisation (ex : route, neige, traction en PL, tout terrain)
- même structure : radiale, diagonale
- même code de vitesse
- même indice de capacité de charge

Point 3-4 : de monter des pneumatiques dont l'indice de charge et le code de vitesse sont inférieurs aux capacités maximales du véhicule. Ce point ne concerne pas les pneus neige. Dans ce cas, la vitesse maxi du pneumatique doit être affichée à l'intérieur du véhicule à la vue du conducteur.

Article 4 : le recreusage des pneumatiques est interdit sur tous les véhicules et remorques d'un PTC inférieur à 3,5 T. Au-delà de 3,5 T de PTC, le recreusage est autorisé pour tous les véhicules et sur tous essieux, sous réserve que le pneumatique portent la mention "Regroovable" ou le symbole ℧ et que le recreusage soit effectué par des professionnels dans les règles de l'art.

Article 9 : l'arrêté du 24 octobre 1994 s'applique aux pneus fabriqués depuis le 1er janvier 1995 et aux véhicules neufs mis en circulation à partir du 1er janvier 1995.
(A noter que les pneus rechapés ne sont pas concernés par ces dispositions).

■ Etat : pneus avant-arrière

- profondeur de sculpture inférieure à 1,6 mm
- déformation du pneu telle que hernie, boursouflure. Coupures profondes des flancs et de la bande de roulement.
- différence de profondeur de sculpture, entre deux pneumatiques montés sur un même essieu, supérieure à 5 mm.

LES NOUVELLES TECHNOLOGIES

■ Le pneu et la consommation d'énergie, le pneu vert.

Le déplacement d'un véhicule implique une consommation d'énergie pour vaincre les différentes forces qui s'opposent à son mouvement :
- forces résistantes de déplacement **FD** (résultant des pertes aérodynamiques de pénétration dans l'air du véhicule).
- forces résistances du véhicule **FV** (résultant des frottements internes).
- forces de résistance au roulement **FR** (liées au travail du pneumatique)

A la vitesse stabilisée de 100 km/h, l'ordre de grandeur relative de ces forces est respectivement de :
65 % pour Fd, 15 % pour Fv et 20 % pour Fr.
Le pneumatique participe donc de façon importante à la consommation d'énergie des véhicules et à la pollution engendrée par les gaz d'échappement.

Grâce à une technologie s'appuyant sur de nouveaux constituants et à une construction adaptée, Michelin propose aujourd'hui des pneus qui offrent, outre une résistance au roulement considérablement réduite, toutes les qualités traditionnelles de la marque : sécurité, fiabilité, longévité.

La résistance au roulement du pneu a pu être diminuée d'environ 20 % : un véhicule ainsi équipé fait une économie de consommation de carburant pouvant atteindre 5 %.

Que représentent ces 5 % ?
Si demain tous les véhicules de France étaient équipés de Pneus Verts Michelin, un milliard de litres de carburant seraient économisés chaque année, soit 800 000 tonnes équivalent pétrole (tep).

Si l'on étend le calcul à l'Europe, l'Amérique du Nord et le Japon, on atteint un potentiel d'économie de 15 millions de tep.

Ceci engendrerait une réduction de 44 millions de tonnes de CO_2 et de 2,65 millions de tonnes des autres émissions polluantes.

A cela s'ajoute bien sûr, un avantage économique immédiat pour l'automobiliste .

Réalité industrielle depuis 1991, les pneus Basse Résistance au Roulement de Michelin sont commercialisés sur le marché de remplacement depuis 1994, sous le nom de Michelin Energy.

LE CONTROLE TECHNIQUE

■ Véhicules concernés par le contrôle technique

Le contrôle technique a été instauré le 1er janvier 1992.
Il concerne aujourd'hui les voitures particulières de plus de 4 ans et les véhicules de transport de marchandises de plus de 4 ans dont le poids n'excède pas 3,5 t.

Les autres véhicules sont soumis à une visite technique spécifique (sauf en cas de vente) : véhicules de transport de matières dangereuses, ambulances et véhicules sanitaires légers, taxis et voiture de remise, véhicules des auto-écoles, véhicules de dépannage, etc...

Sont dispensés du contrôle technique, les véhicule de collection, les véhicules immatriculés dans les séries diplomatiques et les séries FFA et FZ.

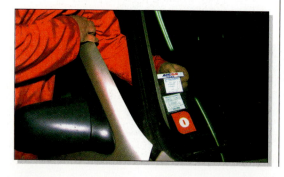

■ Quand présenter un véhicule au contrôle ?

Le contrôle technique doit être effectué à l'initiative du propriétaire, dans les 6 mois qui précèdent la date du 4ème anniversaire de la 1è^{re} mise en circulation figurant sur la carte grise. Il n'y a pas de convocation par la Préfecture ou par les services de police.

■ Périodicité des contrôles

Après la 1ère visite, les contrôles doivent être renouvelés tous les 2 ans pour les voitures et pour les véhicules de transport de marchandises.

■ Les sanctions

Si votre véhicule n'a pas été présenté au contrôle technique, vous risquez :
- une amende de 900 F (minorée à 600 F pour paiement immédiat ou majorée à 2500 F en cas de non paiement dans les trente jours),
- la confiscation de votre carte grise avec l'obligation d'effectuer le contrôle dans un délai de 7 jours,
- toute autre sanction prévue pour les véhicules en mauvais état et notamment l'immobilisation de votre voiture.

■ Le contrôle

Il a lieu dans un centre de contrôle technique agréé par la Préfecture (liste disponible auprès des Préfectures et Sous-Préfectures). Le prix des opérations est libre. Le contrôle s'effectue sans démontage. Il comporte 133 points de vérifications dont 64 sont soumis à une réparation obligatoire en cas de défectuosité.

■ L'obligation de réparer avec une contre-visite

Pratiquement toutes les parties du véhicule peuvent en cas d'anomalie, faire l'objet d'une contre-visite obligatoire dans un délai de 2 mois : le freinage, la direction, l'éclairage, la visibilité, la signalisation, les liaisons au sol, la structure et la carrosserie, l'équipement, la mécanique, la pollution.

■ Preuves du contrôle technique

- sur la carte grise :
  - le cachet du contrôleur,
  - la date limite de validité,
  - la lettre A si les défectuosités ne justifient pas de contre-visite,
  - la lettre S si les défectuosités obligent à contre-visite,
- un macaron sur le pare-brise,
- un récépissé du contrôle technique.

■ La revente

Le propriétaire d'un véhicule âgé de plus de 4 ans doit fournir à son acheteur un certificat de passage au contrôle technique datant de moins de six mois. Ce document sera joint obligatoirement à la demande de changement de carte grise.
Cependant en cas vente du véhicule d'un particulier à un professionnel de l'automobile, le vendeur n'a pas à fournir un certificat de passage au contrôle technique de moins de 6 mois. C'est au professionnel de le présenter lors de la revente du véhicule au nouvel acquéreur.

LES POINTS DU CONTRÔLE TECHNIQUE

IDENTIFICATION DU VÉHICULE

Numéro, plaque d'immatriculation
Numéro de châssis, plaque du constructeur
Présentation du véhicule
Divers
    Energie moteur
    Nombre de places assises
    Plaque de tare
    Compteur kilométrique

FREINAGE

Mesures
    Frein de service
    Frein de stationnement
    Frein de secours
Circuit hydraulique
    Réservoir de liquide de frein
    Maître cylindre
    Canalisation de frein
    Flexible de frein
    Correcteur, répartiteur de freinage
Eléments de commande
    Pédale du frein de service
    Commande du frein de stationnement
    Câble, tringlerie du frein de stationnement
Eléments, récepteurs
    Disque de frein
    Etrier, cylindre de roue
    Tambour de frein
    Plaquette de frein
Assistance de freinage
    Tuyauterie d'assistance de freinage
    Pompe d'assistance de freinage
    Entraînement de la pompe d'assistance de freinage
Système antiblocage

VISIBILITE

Vitrages
    Pare-brise
    Autres vitrages
Rétroviseurs
    Commande rétroviseur extérieur
Accessoires
    Essuie-glace AV
    Lave-glace AV

LIAISONS AU SOL

Mesures
    Suspension
Trains
    Ressort, barre de torsion
    Sphère, coussin d'amortisseur
    Amortisseur
    Pivot, fusée de roue
    Moyeu de roue
    Triangle, tirant de suspension et silentbloc
    Rotule, articulation de train
    Barre stabilisatrice et silentbloc
    Circuit hydraulique de suspension
    Traverse, essieu et silentblocs
Roues
    Jantes
    Pneumatiques

EQUIPEMENTS

Habitacle
    Siège
    Ceinture (si obligatoire)
Autres équipements
    Avertisseur sonore

DIRECTION

Mesures
Organes de direction
    Volant de direction
    Antivol de direction
    Colonne de direction
    Accouplement de direction
    Crémaillère, boîtier de direction
    Billette, timonerie de direction
    Rotule, articulation de direction
    Relais de direction
Assistance de direction
    Réservoir d'assistance de direction
    Canalisation d'assistance de direction
    Pompe, vérin d'assistance de direction
    Entraînement de la pompe d'assistance de direction

es contrôles sont effectués sans aucun démontage. Les points en rouge sont soumis à contre-visite.

ORGANES MECANIQUES

oupe moto-propulseur
  Moteur
  Boîte
  Pont
  Transmission
  Accouplement, relais de
  transmission
imentation
  Circuit de carburant
  Réservoir de carburant
  Carburateur
  Pompe d'alimentation en
  carburant
happement
  Collecteur d'échappement
  Canalisation d'échappement
  Silencieux d'échappement

STRUCTURE, CARROSSERIE

Structure
  Longeron, brancard
  Traverse
  Plancher
  Berceau
  Passage de roue
  Pied, montant
  Longeron extérieur, bas de
  caisse
  Coque
  Plate-forme
  Châssis
Carrosserie
  Porte latérale
  Porte AR, hayon
  Capot
  Aile
  Pare-boue
  Pare-chocs, bouclier
  Caisse, cabine
  Bas de caisse amovible
  Eléments de carrosserie
  inamovible

ÉCLAIRAGE, SIGNALISATION

Mesures
  Feux de croisement
Eclairage
  Feux de croisement
  Feux de route
  Feux antibrouillard AV
  Feux additionnels
Signalisation
  Feux de position
  Feux indicateurs de direction
  Signal de détresse
  Feux stop
  Troisième feu stop
  Feux de plaque AR
  Feux de brouillard AR
  Feux de recul
  Feux de gabarit
  Catadioptre AR
  Catadioptre latéral (véhicule +
  de 6 m)
  Triangle de présignalisation
Eléments de commande,
d'information
  Témoin de feux de route
  Témoin de signal de détresse
  Témoin de feux de brouillard AR
  Commande d'éclairage et
  signalisation

POLLUTION, NIVEAU SONORE

Teneur en CO des gaz
d'échappement (moteur à
allumage commandé)
  Opacité des fumées
  d'échappement (moteur à
  allumage par dépression)
  Contrôle de la sonde lambda
  pour les véhicules équipés d'un
  pot catalytique (01-01-97)
Niveau sonore
  Bruit moteur

L'ACHAT ET LA VENTE D'UN VÉHICULE

■ L'achat d'un véhicule neuf

Vous désirez acheter un véhicule neuf. Dans ce cas, l'achat doit être effectué auprès d'un professionnel qui vous garantira la qualité de la prestation et qui se chargera des formalités administratives pour la mise en circulation de la voiture.

Le millésime de l'année commence au 1er juillet. Un véhicule neuf acheté le 1er juillet 96 aura comme année de référence, donc comme millésime 1997. Pour les véhicules étrangers, la date anniversaire change selon les marques entre septembre et décembre.
Faites attention aux faux millésimes ou profitez-en pour obtenir un rabais. Vous pouvez ainsi trouver, au cours des mois de mai et juin, avant que les nouveaux modèles n'arrivent sur le marché, des véhicules de l'année ou des séries limitées équipées de nombreuses options à des prix très attractifs. Pensez à la revente du véhicule. Un véhicule neuf perd environ 25 % de sa valeur la 1ère année. Deux options pour ne pas perdre trop d'argent : vous revendez vite le véhicule en ayant un œil sur la cote "Argus" ou vous essayez de l'amortir en le conservant plusieurs années.
De votre côté, vous devez assurer votre véhicule et acheter la vignette fiscale.

Pour l'assurance, il est préférable de souscrire des garanties dites "tous risques" qui vous permettent d'être couvert ainsi que vos passagers et d'obtenir des remboursements proches de la valeur d'origine du véhicule en cas de destruction de celui-ci dans un accident.
Pour la vignette fiscale, vous disposez d'un mois pour l'acquérir à compter de la date de mise en circulation. Le prix de la vignette varie selon le département d'immatriculation et la puissance du véhicule.
Vous pouvez l'acheter de la mi-novembre au 1er décembre dans les bureaux de tabac. Passée cette échéance, vous ne pourrez l'acquérir qu'auprès de la Recette des Impôts de votre département et parfois avec une majoration. Vous pouvez être dispensé de l'achat de la vignette fiscale pour l'année en cours, si votre véhicule est mis en circulation entre le 15 août et le 30 novembre.

Avant d'acheter un véhicule neuf, pensez bien à l'usage que vous allez en faire. Une "familiale" n'est peut être pas du meilleur rapport qualité/prix si vous ne faites que de la ville. De même, l'achat d'un véhicule diesel n'est pas "rentable" si vous faites moins de 25 000 kilomètres par an.

Enfin, à vous de faire jouer la concurrence pour obtenir des rabais : jusqu'à 20 % chez les concessionnaires, jusqu'à 30 % chez les mandataires (choisissez un mandataire membre d'un syndicat professionnel pour éviter les escroqueries).

L'achat d'un véhicule d'occasion

Plusieurs options pour l'achat d'un véhicule d'occasion.

● **Auprès d'un professionnel :**
il se chargera des formalités d'immatriculation. Il vous proposera aussi diverses formules de financement. Enfin, il peut vous proposer une garantie sur une période plus ou moins longue selon l'âge et le kilométrage du véhicule.

● **Auprès d'un particulier :**
- examiner attentivement le véhicule et l'essayer avant toute transaction,
- s'assurer que le véhicule présenté correspond bien à sa carte grise,
- remplir avec le vendeur une demande d'immatriculation (un certificat de cession), il s'agit d'un formulaire de préfecture que l'on complète à partir de la carte grise et des pièces d'identité de chacun,
- payer le véhicule (le vendeur peut demander un chèque certifié par la banque),
- vous faire remettre la carte grise, barrée, comportant la date de la vente et signée par le vendeur (pour les cartes grises récentes, le coin supérieur droit doit être coupé en oblique),
- vous faire remettre également le talon de la vignette et le cas échéant, le récépissé de la visite technique. Vérifiez aussi que la vignette fiscale et la vignette CT sont collées sur le pare-brise et qu'elles correspondent aux récépissés,
- demander au vendeur un certificat de non-gage, si le véhicule est immatriculé dans un autre département que celui de votre domicile,
- assurer le véhicule avant de le conduire,
- faire immatriculer le véhicule à votre nom dans les quinze jours qui suivent la date d'achat.

● **Sur un parking de supermarché, le dimanche matin :**
moyennant un droit d'entrée, des particuliers viennent exposer leur voiture sur un parking de supermarché. Si la transaction se fait, appliquez les mêmes consignes que précédemment. Cependant, vérifiez que vous avez bien à faire à un particulier et non pas à un professionnel qui se débarrasse de véhicules invendus. D'autre part, assurez-vous qu'il ne s'agit pas d'un véhicule volé (carte grise, demande d'une somme en liquide de la part du vendeur),...

● **Aux enchères :**
On peut trouver tout et n'importe quoi dans les ventes aux enchères : des véhicules neufs, des véhicules de collections et des véhicules en mauvais état. Les prix sont souvent bradés si les enchères ne montent pas trop vite, mais vous n'avez aucun recours après la vente en cas de vice caché.

La vente de son véhicule

Vous voulez vendre votre véhicule, votre première opération est de déterminer un prix de vente.

Vous disposez de quelques pistes qui vous guideront pour déterminer ce prix.

La première d'entre-elles est de regarder le marché, c'est-à-dire savoir à quels prix les particuliers vendent des véhicules équivalents par l'intermédiaire des petites annonces dans les revues spécialisées dans l'automobile ou dans les grands quotidiens.

Les petites annonces donnent une bonne idée du marché pour les modèles courants. Mais, il y a des phénomènes de mode sur certains véhicules qui entraînent des sur-cotes excessives. L'Argus Automobile reste la base sérieuse d'estimation que vous vendiez votre véhicule à un particulier ou à un garage dans le cadre d'une reprise.
Il permet de déterminer la valeur du véhicule en fonction du prix de départ, du millésime, du kilométrage selon la motorisation (essence ou diesel) et du modèle du véhicule (3 portes, 5 portes, coupé, cabriolet, berline...).
Ensuite, reste l'état du véhicule (entretien mécanique régulier, nettoyage) et la valeur affective qu'on peut y attacher (véhicule de collection, véhicule rare...). L'ensemble de ces critères peut faire varier le prix de vente d'un véhicule dans des proportions considérables.

C'est tout l'art de la négociation qu'il vous faudra mener que vous soyez vendeur ou acheteur. Quelle que soit votre position, prenez des conseils autour de vous et n'hésitez pas à vous faire accompagner d'un ami ou d'un parent ayant déjà acheté ou vendu un véhicule pour comparer les expériences et éviter les pièges.

Dès que vous publiez votre petite annonce dans la presse, soyez prêt à vendre votre véhicule immédiatement : c'est une condition indispensable afin d'éviter de rater la vente. Cela signifie :

- véhicule en bon état apparent (factures du garagiste à l'appui),
- propre à l'intérieur comme à l'extérieur (le premier coup d'œil est essentiel pour l'acheteur),
- contrôle technique effectué si nécessaire (valable 6 mois),
- se procurer une demande d'immatriculation (ou de cession d'un véhicule) auprès de la préfecture,
- se procurer un certificat de non gage au cas où le nouveau propriétaire immatriculerait le véhicule dans un autre département,
- avoir les papiers du véhicule et du conducteur sous la main (carte grise, certificat du contrôle technique, attestation d'assurance, talon de vignette,
- être disponible pour renseigner et recevoir les éventuels acheteurs en leur laissant le soin d'essayer le véhicule,
- enfin, être prêt à avertir votre assureur de la cession du véhicule à une autre personne.

DU TERRAIN ... À LA CARTE

La carte, en général, a pour objet de reproduire la réalité d'une portion de terrain à l'intention d'un public donné.

On trouve donc autant de types de cartes que de grandes familles d'utilisateurs : fonctionnaires, géologues, agriculteurs, automobilistes, randonneurs...

La carte est une représentation conventionnelle, elle obéit à quelques principes simples :
- un certain taux mathématique de réduction : c'est son **échelle**.
- l'emploi de couleurs, de signes et de symboles : c'est son langage spécifique, résumé dans la **légende**.
- une **sélection** stricte des éléments du terrain, ceci pour plusieurs raisons :
  . certains détails seraient invisibles à l'échelle retenue,
  . toutes les données n'intéressent pas tous les publics,
  . supprimer une partie de l'information, c'est mettre mieux en valeur celle que l'on conserve.
- l'**adjonction** de certaines données qui n'existent pas physiquement sur le terrain, mais qui faciliteront la lecture. Par exemple, les courbes de niveau sur une carte topographique, les kilométrages ou les dates de travaux sur une carte routière, etc.
Outil «interface» entre une région et ceux qui la parcourent, la carte a pour priorités d'être claire, précise et à jour. La qualité de son service en dépend.

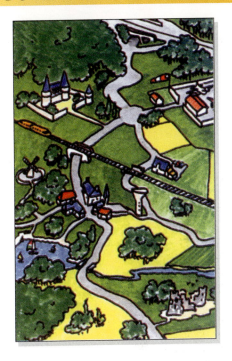

■ L'échelle

C'est le rapport entre les dimensions de la carte et celles du terrain qu'elle représente.

L'échelle 1/200 000e signifie que 1 cm sur le papier représente 200 000 cm sur le terrain, soit 2 km.
1/10 000e : 1 cm pour 100 m.
1/1 000 000e : 1 cm pour 10 km.

■ La carte Michelin de France : Un peu d'histoire

1910 : la France en 47 feuilles à l'échelle 1/200 000e.
C'est la première carte routière conçue pour l'automobiliste.
Son actualisation est déjà annuelle.

1923 : un changement de format ramène la série à 37 feuilles.

1940-45 : sa clarté et sa précision la font choisir par la Résistance et les Alliés pour accompagner la libération.

1970 : création de l'Atlas des Autoroutes.

1985 : création de la carte n°911 Itinéraires et temps de parcours.

1983 : création de l'Atlas routier.

BIEN UTILISER LA CARTE ROUTIERE

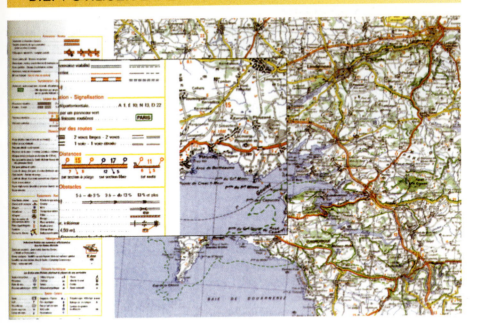

■ Le choix

Une carte routière se choisit selon trois critères principaux :
- son échelle, qui conditionne l'adéquation aux besoins,
- sa légende : c'est la «clé» de la carte, qui détermine la richesse de l'information et la facilite de lecture,
- sa date d'édition, qui renseigne sur l'actualité de l'information.

■ Que trouve-t-on dans la légende ?

- Les types de routes, de l'autoroute au chemin d'exploitation,
- leur classification et leur largeur, donc le mode de conduite qu'elles induisent :
  . la route rouge est classée à grande circulation, donc prioritaire et généralement rapide,
  . la route jaune est une liaison régionale qui permet d'éviter les axes encombrés et garantit une circulation fluide à vitesse moyenne,
- les distances kilométriques,
- les obstacles à la conduite : traversées de localités, pentes, limites de charge ou de hauteur,
- les repères utiles et visibles : château d'eau, calvaire, voie ferrée, monument isolé,
- les agréments touristiques : parcours pittoresque, forêt, point de vue...,
- l'équipement sportif : baignade, golf, téléphérique, sentier,
- le renvoi aux ressources sélectionnées dans les guides complémentaires : hôtels, restaurants, campings.

LIRE LA CARTE

■ Lire la carte :

C'est savoir où l'on est !

Pouvoir se situer à tout moment, c'est-à-dire s'assurer une conduite plus détendue, plus régulière, plus sûre.

Savoir où l'on va !

Connaître d'avance la route que l'on va suivre (kilométrage, étapes, difficultés...), c'est-à-dire écarter l'imprévu et le risque.

Attention !

● La carte routière se consulte avant le départ ou à l'arrêt (aire de stationnement, bas-côté), jamais en conduisant !

● n'oubliez pas que l'erreur de parcours engendre souvent :
- des kilomètres inutiles (donc des frais et du temps),
- de l'énervement et de l'hésitation (donc du danger),
- des fautes de conduite : excès de vitesse pour rattraper le temps perdu, recul sur autoroute pour rejoindre la sortie...

La carte routière est donc un gage d'économie et de sécurité.

■ Deux conseils :

● Les cartes Michelin sont actualisées et complétées chaque année. Assurez-vous que vous disposez bien de la dernière édition : vous serez mieux informé.

● Ayez toujours dans votre voiture la carte de la région que vous traversez. En cas de «bouchon», vous y trouverez facilement la petite route déserte qui vous fera contourner l'obstacle... et vous découvrirez ainsi de merveilleux paysages !

Une bonne solution en complément : l'Atlas Routier France vous garantit d'avoir à tout moment, où que vous soyez, l'information qu'il vous faut.

AVANT LE DEPART

■ **Renseignez-vous sur les conditions de circulation et l'état de la route : encombrement, travaux, météo...**

Vous éviterez ainsi :
- de vous retrouver dans des «bouchons» prévisibles,
- d'être retardé par des travaux,
- de ne pas pouvoir avancer, faute d'équipements spéciaux pour la neige ou le verglas...

Sachez que tous les Centres Régionaux d'Information Routière répondent désormais au même standard (24h/24) : **08 36 68 20 00**

■ **Pour préparer votre trajet avant le départ :** consultez les cartes routières Michelin papier ou utilisez les services numériques Michelin (www.michelin-travel.com, 3615 Michelin ou 3617 Michelin).

Il suffit d'indiquer vos lieux de départ et d'arrivée et votre route est toute tracée...
Les services d'Aide au Voyage Michelin (Internet, Minitel, CD-ROM) vous permettront d'obtenir instantanément tous les détails utiles au bon déroulement de votre voyage en France et en Europe. Ils vous indiquent entre autres renseignements :
- le temps de parcours,
- les distances,
- les routes à suivre,
- les villes traversées ou contournées,
- les directions à prendre,
- le coût des péages.
C'est aussi des renseignements touristiques...

Vos itinéraires routiers dans plus de 28 pays, la base de données la plus complète d'Europe avec 1 500 000 km de routes, plus de 140 000 localités, des mises à jour quotidiennes (sur notre site et sur Minitel), plus de 60 000 références d'hôtels et restaurants extraites de la fameuse collection "Le Guide Rouge", ainsi que les curiosités touristiques décrites dans la collection "Le GuideVert".

www.michelin-travel.com
Sur notre site Internet, vous pourrez, sur 28 pays en Europe, non seulement obtenir toutes les informations liées à votre trajet, mais également bénéficier de la cartographie Michelin en ligne, faire des recherches multicritères d'hôtels et de restaurants sélectionnés par Le Guide Rouge, et consulter notre catalogue des cartes et guides Michelin.

3615 MICHELIN c'est facile (2,21 F/min)
Vous disposez de 5 types d'itinéraires différents pour répondre au mieux à vos critères. Il vous est également possible de choisir jusqu'à 5 villes étapes.

3617 MICHELIN c'est pratique (5,52 F/min)
Afin de faciliter votre déplacement, Michelin a développé un service Fax grâce auquel vous disposez, immédiatement et par écrit, de votre feuille de route détaillée.

DES CARTES ET DES GUIDES POUR VOUS AIDER AVANT ET PENDANT VOTRE VOYAGE

■ Pour préparer un long trajet

La carte générale de France n°989 (échelle 1/1 000 000e, soit tout le pays sur 1 m² env.) permet de visualiser diverses liaisons entre deux villes éloignées : kilométrage, présence d'autoroutes, villes étapes...

A la même échelle, la carte n° 911 met en valeur les principaux itinéraires, les temps de parcours, les routes présentant des risques de «bouchons» ou classées «Bis» (délestage)...

L'Atlas des autoroutes n° 914 est exclusivement consacré au détail du réseau autoroutier français : échangeurs, aires de service, distances, péages, autoroutes urbaines...

Les cartes détaillées à l'échelle 1/200 000e permettent de visualiser très précisément le réseau routier d'une région ou d'une agglomération.

■ Pour circuler en zone dense

Dans les régions très urbanisées, l'échelle habituelle 1/200 000e peut ne pas suffire et le risque de s'égarer est important.
Il faut alors utiliser les cartes plus détaillées, à couverture verte.

Par exemple :
106   110   101
1/100 000e 1/60 000e   1/53 000e

Paris et sa banlieue ainsi que Lyon sont couverts par des cartes encore plus précises :
10   30   19
1/10 000e   1/10 000e   1/15 000e

■ Pour le gîte et le couvert

Le Guide Rouge Michelin «France-Hôtels et Restaurants» - né en 1900, propose chaque année sa sélection de bonnes adresses à tous les niveaux de confort et de prix. A noter que toutes les localités citées au Guide sont soulignées de rouge sur les cartes jaunes au 1/200 000e.

Le Guide Michelin annuel «Camping-Caravaning France» fournit le même service pour les ressources de l'hôtellerie de plein air.

■ www.michelin-travel.com

Retrouvez l'intégralité des cartes et guides Michelin sur notre catalogue en ligne.

LE TRANSPORT DES ENFANTS

■ Règle générale

Le nombre maximum de personnes qui peuvent prendre place dans une voiture, conducteur compris, est indiqué sur la carte grise, rubrique "Pl Ass". (places assises).
Un enfant de moins de 10 ans doit être assis à l'arrière du véhicule.
Il existe cependant plusieurs exceptions :
- lorsque vous utilisez un porte-bébé spécialement conçu pour être placé à l'avant qui ne peut s'utiliser que dos à la route,
- lorsque vous transportez un nombre d'enfants tel qu'il est impossible de les placer tous à l'arrière,
- lorsque votre véhicule ne comporte pas de siège arrière (véhicule utilitaire, véhicule ne disposant que de 2 places) ou lorsque les sièges sont momentanément indisponibles, banquette arrière rabattue, par exemple.

■ Les systèmes de retenue

Les passagers doivent, qu'ils soient à l'avant ou à l'arrière, attacher la ceinture de sécurité. Pour les enfants de moins de 10 ans, un système de retenue homologué et adapté à leur taille est obligatoire, s'ils ne peuvent utiliser la ceinture.

L'ensemble de ces dispositifs sont attachés par des sangles fixées aux points d'ancrage des ceintures ou grâce aux ceintures elles-mêmes.

De 0 à 9 mois (moins de 9 kg) : vous pouvez utiliser un lit-auto (avec filet ou avec bandeau de maintien pour éviter l'éjection) ou un porte-bébé installé dos à la route.

De 9 mois à 3/4 ans (9 à 18 kg) : siège auto à harnais ou réceptacle.

De 3/4 ans à 10 ans (+ de 15 kg) : coussin réhausseur utilisant la ceinture adulte ou harnais spécial adapté à la taille de l'enfant ou ceinture adulte 3 points.

Voyager avec un enfant

"Mamam, j'ai faim... ! Papa, pipi...". Voyager avec un enfant n'est pas une épreuve facile, ni pour l'enfant, ni pour les parents. L'enfant est vite exaspéré et exaspérant, simplement souvent parce qu'il s'ennuie. Un adulte a besoin de s'arrêter toutes les deux heures lorsqu'il conduit afin de retarder l'apparition de la fatigue. Hélas, un enfant se fatigue beaucoup plus vite, même s'il reste assis dans son siège auto. Un enfant peut aussi souffrir de la chaleur et se déshydrater.

Pour toutes ces raisons, l'idéal lorsque l'on voyage avec un enfant, surtout en bas âge, est de circuler la nuit afin d'éviter les grosses chaleurs et les bouchons. A défaut, il vaut mieux partir à la fraîche, c'est-à-dire tôt le matin ou tard le soir.

Installez l'enfant confortablement dans son lit-auto ou sur son siège auto en l'attachant avec les systèmes de retenue et en veillant à condamner l'ouverture de la portière avec le système de verrouillage.

Evitez de poser sur la plage arrière de la voiture des objets qui risquent d'être projetés et de heurter l'enfant en cas de ralentissement brusque.

Généralement, un enfant ne souffre pas du mal des transports avant l'âge de deux ans. Mais cela peut être le cas si vous fumez dans la voiture. Cependant, il ne faut pas ouvrir en grand les vitres sous prétexte de lutter contre la chaleur ou pour aérer. Si votre voiture est équipée de la climatisation, utilisez-la à un régime doux.

Pour le reste, lorsqu'il est éveillé, il faut distraire l'enfant. Emportez deux ou trois de ces jeux ou jouets préférés. Vous pouvez aussi le distraire avec des cassettes de contes ou musicales. Vous pouvez aussi, pour les plus grands, les intéresser à l'environnement routier, par exemple en leur décrivant les régions et les villes que vous traversez.

Il faudra s'arrêter fréquemment. Avec un enfant à bord, surtout avec un bébé, la moyenne n'existe pas. C'est lui qui va vous donner le rythme à suivre au fil de ses envies et de ses besoins. Pour être efficace, une pause doit être d'une durée suffisante, au calme et à l'ombre. La famille en profitera pour se relaxer, se détendre, s'alimenter et se réhydrater.

Sur autoroute, en été, vous pouvez trouver des aires de repos qui vont vous aider à rendre le voyage plus agréable pour vous et plus court pour l'enfant. Vous pouvez ainsi profiter des Relais Bébés, où les changes et les repas sont offerts pour les tous petits ou des aires d'animations André-le-Lutin dans lesquelles des jeux sont à votre disposition.

L'APPRENTISSAGE ANTICIPE DE LA CONDUITE (A.A.C.)

L'Apprentissage Anticipé de la Conduite est accessible à partir de 16 ans. L'objectif visé est d'améliorer la sécurité en diminuant les accidents dont sont victimes les jeunes de 18 à 25 ans. La formation se divise en deux phases : la Formation Initiale et la Conduite Accompagnée, l'ensemble s'appelant Apprentissage Anticipé de la Conduite

■ La Formation Initiale

Vous vous inscrivez dans une Ecole de Conduite agréée pour l'AAC. Vous y suivez un nombre minimum obligatoire de leçons en voiture et en salle pour atteindre un niveau suffisant.
Le nombre minimum obligatoire de leçons pratiques est de 20 heures. Cependant, la durée de votre formation est fonction :
- de l'évaluation de départ obligatoire qui indique le volume prévisionnel et personnalisé de votre formation,
- du temps d'apprentissage nécessaire pour la validation de l'ensemble des objectifs des quatre étapes du programme qui sont contenues dans le Livret d'Apprentissage.
Une fois ce niveau atteint et l'Epreuve Théorique Générale obtenue, vous recevez une Attestation de Fin de Formation Initiale

■ La Conduite Accompagnée

Vous conduisez avec votre accompagnateur.
Cette période vous permet d'acquérir une bonne expérience de la conduite en parcourant au moins 3 000 km aux côtés d'un conducteur confirmé, ceci durant au moins une année.
Au cours de cette période, vous devez assister à deux rendez-vous à l'école de conduite avec votre accompagnateur pour évaluer les progrès que vous avez réalisés et pour débattre de sujets relatifs à la sécurité routière.
L'âge minimal pour obtenir le permis reste fixé à 18 ans.

■ Les avantages

- **l'expérience** : c'est ce qui manque le plus aux jeunes conducteurs issus de la formation traditionnelle et c'est pour cela qu'ils ont plus d'accidents. Les jeunes issus de la formation A.A.C. ont pu rouler par tous les temps et sur toutes les routes. Ils savent donc mieux analyser et reconnaître des situations qu'ils ont déjà rencontrées pour éviter les accidents.

- **la motivation** : les jeunes viennent apprendre à conduire et non pas passer uniquement le permis de conduire. L'accompagnateur est souvent un membre de la famille, ce qui facilite souvent le dialogue et les échanges d'expérience.

- **la jeunesse** : plus on est formé tard, plus on a de mal à apprendre. A 16 ans, on a plus de facilités à apprendre parce qu'on est réceptif et habitué à apprendre.

- **l'assurance** : la première année, la surprime habituellement demandée aux conducteurs novices est divisée par deux. La deuxième année, la surprime n'existe plus, si vous n'êtes à l'origine d'aucun accident.

■ Le bilan

Un élève en formation traditionnelle va parcourir 250 à 300 km. Un jeune en formation A.A.C. aura parcouru au moins 3 000 km avant d'être seul au volant. Grâce à cette expérience, ces jeunes ont 4 à 5 fois moins d'accidents que les autres conducteurs novices dans la même tranche d'âge.

Le GUIDE
DE L'ELEVE 1

Sommaire

TABLEAU DE CORRESPONDANCES
AVEC LE LIVRET D'APPRENTISSAGE — **p.4**

LE CONDUCTEUR — **p.6**

1. VEHICULE — p.9
Description et fonctionnement	11
Avant de partir	24
Entretien et depannage	25
Controle technique	30
Chargement, remorquage	31
Les papiers	36
Evaluation	38

2. CONDUITE — p.41
Installation	43
Demarrage - Arret	44
Changement de vitesses	46
Trajectoire	48
Avertissements	50
Conduite economique	51
Evaluation	53

3. SIGNALISATION — p.57
Signalisation verticale	59
Signalisation horizontale	77
Signalisation temporaire	82
Evaluation	85

4. INTERSECTIONS — p.89
Approche	91
Les regles de priorite	93
Autres types de transports	102
Evaluation	104

5. VITESSE — p.107
Connaissance de la vitesse	109
Freinage	110
Distances de securite	112
Distances d'arret	115
La vitesse et ses consequences	116
Limitations	119
Evaluations	122

VILLE — p.125
- ENTREE DANS L'AGGLOMERATION ... 127
- AUTRES USAGERS ... 129
- REGLES DE CIRCULATION ... 136
- ARRET ET STATIONNEMENT ... 141
- EVALUATION ... 151

6

ROUTE — p.155
- REGLES GENERALES ... 157
- DANGERS PARTICULIERS ... 163
- CROISER ... 165
- DEPASSER ... 167
- RALENTISSEMENTS, BOUCHONS ... 174
- ARRET ET STATIONNEMENT ... 175
- PREPARER ET SUIVRE UN ITINERAIRE ... 177
- EVALUATION ... 181

7

AUTOROUTE — p.185
- GENERALITES ... 187
- DE LA ROUTE À L'AUTOROUTE ... 189
- REGLES DE CIRCULATION ... 191
- RISQUES PARTICULIERS ... 200
- SORTIE D'AUTOROUTE ... 203
- EVALUATION ... 206

8

NUIT INTEMPERIES — p.209
- NUIT ... 211
- INTEMPERIES ... 214
- EVALUATION ... 220

9

ALCOOL FATIGUE — p.223
- ALCOOL ... 225
- FATIGUE ... 228
- MEDICAMENTS ... 230
- EVALUATION ... 232

10

ACCIDENTS — p.237
- ORIGINES DES ACCIDENTS ... 239
- STATISTIQUES ... 242
- EN CAS D'ACCIDENT ... 244
- LES ASSURANCES ... 248
- SITUATIONS D'URGENCE ... 250
- EVALUATION ... 253

11

ANNEXES — p.257
- PERMIS DE CONDUIRE ... 259
- INFRACTIONS ET SANCTIONS ... 263
- SYMBOLES NORMALISES ... 267

12

INDEX ALPHABETIQUE — p.268

TABLE DES CORRESPONDANCES

ETAPE N°1 - Objectifs

		Pages
■ a -	Connaître les principaux organes de la voiture, les principales commandes et le tableau de bord.	9 à 26 267
■ b -	S'installer au poste de conduite.	31 ; 43 ; 44 117 à 119
■ c -	Regarder autour de soi.	43 ; 49
■ d -	Agir sans mettre en danger les autres ni soi-même.	24 ; 150
■ e -	Avertir les autres usagers.	18 à 20 45 ; 50
■ f -	Démarrer et s'arrêter.	44 ; 45
■ g -	Tenir et tourner le volant.	48
■ h -	Utiliser la boîte de vitesses.	13 ; 46 ; 47
■ i -	Diriger la voiture, en avant et en arrière, en ligne droite et en courbe en adaptant allure et trajectoire.	48 ; 49

ETAPE N°2 - Objectifs

		Pages
■ a -	Connaître les principales règles de circulation ainsi que la signalisation.	58 à 84 ; 93 à 103
■ b -	Tenir compte de la signalisation verticale et horizontale.	58 à 84 ; 89 à 103 127
■ c -	Rechercher les indices utiles.	49 ; 91 ; 163
■ d -	Utiliser toutes les commandes.	12 ; 13 ; 23 44 à 51
■ e -	Adapter sa vitesse aux situations.	119 à 121 ; 127 161 à 164 ; 192 ; 214
■ f -	Choisir la voie de circulation.	77 à 79 159 ; 193
■ g -	Maintenir les distances de sécurité.	112 à 114 ; 138 160 ; 193
■ h -	Franchir les différents types d'intersection et y changer de direction.	91 à 101 139 à 141

TABLE DES CORRESPONDANCES

ETAPE N°3 - Objectifs

		Pages
■ a -	Evaluer les distances et les vitesses.	162 ; 193 ; 225
■ b -	Evaluer les distances d'arrêt.	109 à 115
■ c -	Tenir compte du gabarit de la voiture.	137 ; 138
■ d -	S'arrêter, stationner.	81 ; 82 ; 141 à 150 175 ; 176 ; 199 ; 212
■ e -	Croiser, dépasser, être dépassé.	140 ; 165 à 173 191 à 196
■ f -	Passer un virage.	48 ; 117 ; 163 ; 164
■ g -	Savoir se comporter à l'égard des diverses catégories d'usagers.	102 ; 103 129 à 135
■ h -	Suivre un itinéraire.	177 à 180 ; 189 196 à 198 ; 203
■ i -	Avoir des notions sur les effets de l'alcool.	224 à 227 ; 230 à 232

ETAPE N°4 - Objectifs

		Pages
■ a -	S'insérer dans une circulation rapide.	94 ; 137 ; 191
■ b -	Conduire en agglomération, dans une circulation dense.	109 ; 129 à 141
■ c -	Conduire dans une file de véhicules.	137 ; 138 ; 194
■ d -	Adapter la conduite à des conditions où la visibilité est réduite, notamment la nuit.	17 à 20 ; 137 172 ; 210 à 214
■ e -	Adapter la conduite à des conditions où l'adhérence est réduite.	215 à 219
■ f -	Avoir des notions sur la conduite en montagne.	120 ; 121 ; 166 ; 219
■ g -	Avoir des notions sur les effets de la fatigue.	200 ; 228 à 230
■ h -	Avoir des notions sur le comportement en cas d'accident.	244 à 249
■ i -	Avoir des notions concernant l'entretien et le dépannage de la voiture.	25 à 29 ; 51 ; 52 201 ; 202 ; 252
■ j -	Avoir des notions concernant les situations d'urgence.	250 à 252

LE CONDUCTEUR

Si la conduite est devenue une activité banale aujourd'hui, la circulation routière est un système complexe. Devenir conducteur, c'est apprendre à "vivre" ce système pour être capable de conduire une voiture sans mettre en danger sa sécurité ou celle des autres. C'est le but de la formation rappelé et expliqué dans les premières pages du livret d'apprentissage des automobilistes.

QU'EST-CE-QUE CONDUIRE ?

Conduire consiste à s'adapter constamment à des situations diverses qui évoluent sans cesse.
On peut schématiser l'activité de conduite assez simplement :
1 - Le conducteur perçoit des informations provenant de l'intérieur et de l'extérieur de son véhicule (klaxon, feux "stop", panneaux, voyants, etc.).
2 - Il analyse la situation, prévoit ce qui va se passer, et décide de ce qu'il faut faire.
3 - Il agit sur les commandes de sa voiture.

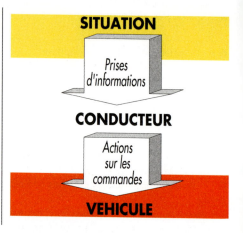

Au cours de sa formation, le futur conducteur apprendra donc à percevoir, analyser, prévoir, décider et agir.

PRISES D'INFORMATIONS

La conduite nécessite de bonnes capacités physiques, mais aussi des connaissances et des stratégies développées au cours de la formation.

■ Vue
Le conducteur a besoin de recueillir toutes les informations utiles à la conduite.
Où, quand, comment regarder ?
Quelles sont les informations les plus importantes ?
Il ne suffit pas d'avoir une bonne vue, encore faut-il apprendre à rechercher et choisir les indices indispensables pour conduire.

■ Ouïe
Certaines informations sont sonores : avertisseurs, bruit du moteur, approche d'un cyclomoteur, accélérations, décélérations.
Il faut donc éviter tout ce qui peut couvrir ces indices sonores (baladeur, radio trop forte, etc.).

Dans la masse d'informations qu'il reçoit, le conducteur doit être en mesure de sélectionner celles qui permettent un déplacement en sécurité.

ANALYSE ET DECISION

A partir de ce qu'il perçoit, le conducteur doit prévoir ce qui peut se passer et décider de sa conduite.
Pour cela, il lui faut :
- connaître et comprendre les règles du code de la route ;
- avoir des notions concernant les véhicules ;
- tenir compte du comportement des autres usagers ;
- connaître les risques ; savoir et vouloir les éviter.

Cette analyse devient plus facile avec l'expérience. Les décisions deviennent plus rapides et mieux adaptées.

Au contraire, dans certaines circonstances, le conducteur est moins apte à choisir un comportement adapté : fatigue, énervement, maladie, alcool, etc.

Le code de la route interdit de conduire sous l'emprise de l'alcool (voir chapitre Alcool-Fatigue).
Mais les capacités d'analyse et de décision du conducteur peuvent aussi être perturbées par son état psychologique, des drogues, ou des médicaments…

ACTION

Pour agir, le conducteur intervient sur les commandes de son véhicule. Il est limité à trois types d'actions :

■ Avertir les autres usagers
Les clignotants, feux "stop" et avertisseurs permettent de signaler sa présence et d'informer les autres de ses intentions. Cela leur permettra de mieux prévoir et décider.

■ Modifier son allure
Le conducteur ne peut accélérer ou ralentir l'allure de son véhicule que dans certaines limites liées aux lois physiques.

■ Changer de trajectoire
Les modifications de trajectoire sont, elles aussi, limitées.
Pour agir de façon appropriée, il faut donc:
- en avoir la capacité.
  • Les conducteurs atteints de certaines maladies ou affections ne peuvent accéder à la conduite que sous certaines conditions : suivi médical, aménagements spéciaux du véhicule.
- avoir acquis des habiletés motrices.
  • L'examen du permis de conduire a pour but de contrôler que le candidat a atteint les objectifs qui figurent dans son livret d'apprentissage.

Conduire est une activité sociale qui fait appel au sens civique. Chaque conducteur est responsable civilement, pénalement et moralement de son comportement. Seule sa responsabilité civile peut être prise en charge par un assureur.

Devenir conducteur, c'est acquérir un esprit de sécurité.

VEHICULE

Véhicule

Comprendre le fonctionnement d'une voiture permet d'apprendre à conduire plus facilement. Un véhicule bien entretenu est plus sûr, pollue moins et risque moins de tomber en panne. Il est quand même utile de savoir effectuer quelques dépannages simples.

Description et fonctionnement

Une voiture se compose :
1 - d'un **châssis** sur lequel sont fixés les éléments de carrosserie (ailes, portes, pare-chocs, etc.) ;
2 - d'un **moteur** ;
3 - d'une **transmission** (embrayage, boîte de vitesses, etc) ;
4 - de **roues** ;
5 - d'**équipements** divers.

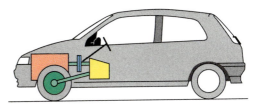

Une voiture : un ensemble d'éléments

LE CHASSIS

Le châssis est le "squelette" de la voiture.
Il porte tous les organes du véhicule. Il est conçu pour se déformer à certains endroits et résister à d'autres afin de protéger les occupants de l'habitacle en cas de choc.

Dernière protection en cas de choc

LE MOTEUR

Le moteur fournit le mouvement pour faire avancer la voiture.
Il fonctionne à l'essence, au gaz, au gazole (Diesel), GPL ou même à l'électricité.
Généralement placé à l'avant de la voiture, il peut aussi se situer en position centrale ou arrière.
Quand on appuie sur l'accélérateur le moteur tourne plus vite.

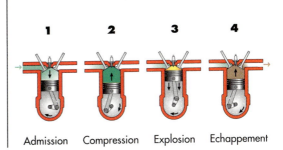

Admission   Compression   Explosion   Echappement

LA TRANSMISSION

Elle assure la liaison entre le moteur et les roues.

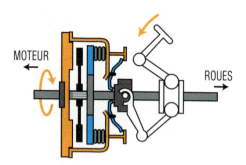

Le moteur n'entraîne pas les roues
Position débrayée

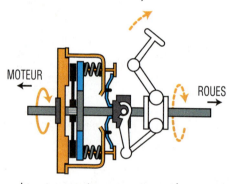

Le moteur entraîne progressivement les roues
Position de patinage

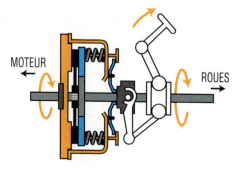

Le moteur entraîne les roues
Position embrayée

L'embrayage sert à couper la liaison entre le moteur et la boîte de vitesses et à la rétablir progressivement. Schématiquement, l'embrayage est constitué de deux disques : l'un solidaire du moteur, l'autre des roues motrices (par l'intermédiaire de la boîte de vitesses).

Lorsqu'on **débraye,** les disques s'écartent, le moteur tourne alors "dans le vide", il n'entraîne pas les roues.
C'est la **position débrayée.**
On débraye pour passer les vitesses, et au moment de l'arrêt pour éviter de caler le moteur.

Quand on commence à **embrayer,** les deux disques se rapprochent. Dès qu'ils entrent en contact, le mouvement de rotation du disque moteur se transmet progressivement à l'autre disque.
C'est la **position de patinage.**

Lorsqu'on a complètement embrayé, les deux disques sont collés l'un contre l'autre par un puissant ressort, ils tournent à la même vitesse et entraînent les roues motrices.
C'est la **position embrayée.**

La boîte de vitesses

La **boîte de vitesses** est constituée de pignons de différentes dimensions. Elle permet, selon la combinaison sélectionnée, de multiplier plus ou moins d'inverser le mouvement (marche arrière).

Pour une même vitesse de rotation du moteur, les roues tournent doucement en 1ère vitesse, un peu plus vite en 2ème, encore plus vite en 3ème et ainsi de suite.

Au moment de changer de vitesse, on débraye pour que les pignons ne soient plus entraînés par le moteur. On peut alors changer de pignons sans les détériorer.
Au point mort, aucune vitesse n'est sélectionnée,
le moteur tourne dans le vide quelle que soit la position de la pédale d'embrayage.

Certaines boîtes de vitesses sont automatiques.

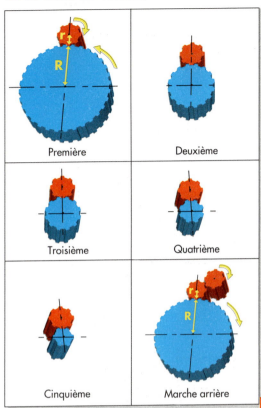

A chaque vitesse sa fonction

- Embrayer = lâcher la pédale : le moteur entraîne les roues.
- Débrayer = enfoncer la pédale à fond : le moteur tourne dans le vide.
- Boîte de vitesses au point mort : le moteur tourne dans le vide.

LES ROUES

Celles qui reçoivent le mouvement de la transmission sont les roues motrices.

Les roues motrices sont :
- à l'avant pour les "tractions" ;
- à l'arrière pour les "propulsions" ;
- à l'avant et à l'arrière pour les "4 x 4".

■ Les pneus

Surfaces de contact : 4 cartes postales

Les pneus assurent la liaison entre la voiture et la route : ils transmettent les accélérations, les freinages, et les modifications de trajectoire. Leur qualité est donc déterminante pour la sécurité.

- **Structure**

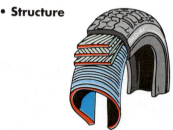

Structure radiale

La structure est la carcasse du pneu. La structure **radiale** est la plus performante et de loin la plus répandue. Sur ces pneus, figure la mention "Radial".
La structure des pneus qui équipent les 4 roues d'un véhicule, doit être identique.

- **Sculptures**

A 90 km/h, le pneu doit évacuer 5 l d'eau par seconde

Les sculptures sont différentes selon les marques. Elles servent surtout à évacuer l'eau quand on circule sur route mouillée. A vitesse élevée et avec des sculptures usées, une pellicule d'eau se glisse entre la route et le pneu qui perd alors toute adhérence : c'est l'aquaplaning ou aquaplanage.
Le conducteur ne peut plus diriger son véhicule.

Des témoins permettent de contrôler l'usure des pneus.
Ce sont des sur-épaisseurs de gomme hautes de 1,6 mm placées au fond des rainures. Ces indicateurs d'usure sont généralement repérés par la mention "TWI" sur le flanc du pneu.
Il est interdit de rouler avec des pneus dont la surface arrive au niveau des indicateurs.
Il est préférable de monter les pneus neufs à l'arrière.

Un pneu présentant une déchirure sur le flan ou une entaille profonde doit être remplacé immédiatement pour éviter les risques d'éclatement. Sur un même essieu, la marque, le type du pneu doivent être identiques. En cas de crevaison, il est permis d'utiliser temporairement un pneu de structure ou/et de type différents.

Rouler avec des pneus sous-gonflés provoque :
- une détérioration de la tenue de route ;
- une usure rapide des flancs et des bords de la bande de roulement ;
- un échauffement pouvant entraîner l'éclatement du pneu.

C'est pourquoi il est indispensable de contrôler régulièrement la pression (au moins une fois par mois même si le véhicule roule très peu).

Indicateur d'usure
Profondeur minimum : 1,6 mm

Pneus de types différents

- **Pression**

Gonflage contrôle régulier = Tenue de route et longévité

- Structure = carcasse du pneu.
- Sculptures = dessins.
- Profondeur minimum des rainures : 1,6 mm (témoins d'usure).

■ La suspension

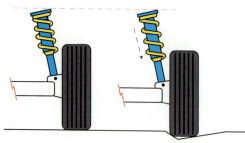

Suspension : tenir la route

■ Les freins

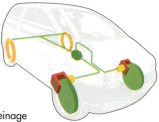

Système de freinage

Tambour

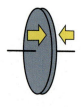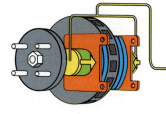

Disque

La suspension a pour rôle de maintenir les pneus en contact avec le sol, et d'assurer la stabilité du véhicule, en particulier dans les virages et au freinage. Elle associe les ressorts et les amortisseurs.
Les ressorts se compriment et se détendent pour "absorber" les inégalités de la route.
Les amortisseurs évitent, en les absorbants, les rebonds qui résulteraient de l'action des ressorts.

Tout véhicule comporte :
- **un frein principal,** commandé par une pédale, agissant sur les 4 roues ;
- **un frein de secours et de parcage.**

Quand on freine, un mécanisme pousse le liquide de frein qui transmet cette pression aux dispositifs situés au niveau des roues.
Freins à tambour :
La pression du liquide s'exerce sur les pistons qui poussent les mâchoires. Les garnitures viennent alors frotter à l'intérieur du tambour.
Freins à disque :
La pression du liquide s'exerce sur les pistons qui poussent les plaquettes. Les plaquettes pincent alors le disque.
Attention, si l'on freine trop fort et qu'on bloque les roues, la distance de freinage est augmentée, et le conducteur ne peut plus diriger sa voiture.
Un contrôle du niveau de liquide de frein doit être fait régulièrement.

- Suspension = ressort + amortisseur.
- Roues bloquées = mauvais freinage.
- Liquide de frein à contrôler régulièrement.

L'ECLAIRAGE

La voiture est équipée de dispositifs d'éclairage et de signalisation pour voir et être vu.

■ A l'avant : obligatoire

2 feux de route
(phares) blancs ou jaunes éclairant à 100 m au moins.
Utilisation :
- pour circuler de nuit sur route non éclairée (ou mal éclairée).

Feux de route (éblouissants)

2 feux de croisement
(codes) blancs ou jaunes éclairant à 30 m au moins sans éblouir.
Utilisation :
- pour remplacer les feux de route de nuit quand on croise ou qu'on suit un autre usager, ou quand la route est éclairée ;
- pour se rendre visible quand les conditions sont mauvaises : pluie, brouillard, neige ;
- pour compléter les feux de route.

Feux de croisement (non éblouissants)

2 feux de position
(veilleuses) blancs ou jaunes visibles à 150 m.
Utilisation :
- pour stationner sur une chaussée non éclairée ;
- pour circuler en agglomération éclairée.

Feux de position pour se rendre visible

Les clignotants pour avertir

2 clignotants (indicateurs de changement de direction)
orangés non éblouissants.

Utilisation :
- pour annoncer tout changement de direction ou de trajectoire.

■ A l'avant : facultatif

Feux de brouillard

2 feux avant de brouillard
blancs ou jaunes émettant une lumière étalée rabattue vers le sol.
Utilisation :
- pour compléter ou remplacer les feux de croisement par temps de brouillard, de forte pluie, ou de neige (dans ces cas, ils peuvent être maintenus à la rencontre d'un autre usager) ;
- pour compléter les feux de route en particulier sur les routes étroites et sinueuses hors agglomération (dans ce cas, ils doivent être éteints à la rencontre d'un autre usager).

Feux à longue portée

feux de route complémentaires
(longue portée) blancs ou jaunes.
Utilisation :
- identique à celle des feux de route.

■ A l'arrière : obligatoire

2 feux rouges
visibles à 150 m.
Utilisation :
 - pour circuler ou stationner sur la chaussée de nuit ou par mauvaise visibilité.
Ils s'allument en même temps que les feux de position, de route, de croisement ou de brouillard.

éclairage de la plaque
d'immatriculation rendant le numéro lisible à 20 m la nuit.
Il s'allume en même temps que les feux rouges.

2 dispositifs réfléchissants
(catadioptres) rouges visibles à 100 m quand ils sont éclairés par les feux de route d'un autre usager.

Etre visible la nuit :
- feux rouges ;
- éclairage plaque ;
- dispositifs réfléchissants.

2 clignotants
(indicateurs de changement de direction) orangés non éblouissants.
Utilisation :
 - pour annoncer tout changement de direction ou de trajectoire.
Ils s'allument en même temps que les clignotants avant.

3 feux "stop"
(signaux de freinage) rouges plus puissants que les feux rouges sans être éblouissants.
Utilisation :
 - pour avertir les usagers qui suivent de tout ralentissement.
Les feux "stop" s'allument dès qu'on touche la pédale de frein.

Avertir que l'on ralentit : feux "stop"

Feux arrière de brouillard

1 ou 2 feux arrière de brouillard de la même couleur mais plus puissants que les feux rouges.
Si le véhicule ne comporte qu'un feu, il doit être placé à gauche.
Utilisation :
- pour se rendre visible par temps de brouillard ou quand la neige tombe.

Ce ou ces feux sont facultatifs pour les véhicules mis en circulation avant le 1er octobre 1990.

■ A l'arrière : facultatif

Feu de marche arrière en situation

1 ou 2 feux de recul
émettant une lumière blanche rabattue vers le sol.
En général, ces feux s'allument automatiquement quand on passe la marche arrière.

3ème feu stop
placé au milieu du véhicule et plus haut que les 2 autres feux "stop".

■ A l'avant et à l'arrière obligatoire :

Signal de détresse : être vu en cas de difficulté

Signal de détresse
constitué par le fonctionnement simultané des clignotants gauche et droit.
Utilisation :
- pour signaler le véhicule en panne sur la chaussée (immobilisé ou roulant à une allure anormalement réduite) ;
- pour signaler un ralentissement (dernier véhicule d'une file).

- Feux de route : éclairent à 100 m au moins.
- Feux de croisement : éclairent à 30 m au moins sans éblouir.
- Feux de position et feux rouges : visibles à 150 m mini.
- Dispositifs réfléchissants : visibles à 100 m mini.
- Eclairage de la plaque : numéro lisible à 20 m mini.

LE POSTE DE CONDUITE

Il se compose du tableau de bord et des commandes. Le conducteur a besoin de connaître parfaitement son poste de conduite. Pour cela, consulter la notice du constructeur.

Des éléments du poste de conduite sont communs à tous les véhicules. Le conducteur doit savoir les repérer facilement.

■ Le tableau de bord

• Eléments obligatoires

Indicateur de vitesse
l'impression de vitesse est souvent trompeuse. Il faut consulter fréquemment le cadran qui indique la vitesse en km/h.

Compteur kilométrique
Il enregistre les km parcourus et sert à :
- apprécier l'usure d'un véhicule ;
- déclencher les opérations d'entretien ;
- calculer sa consommation ;
- connaître la longueur d'un trajet.

Indicateur de vitesse
Compteur kilométrique

• Eléments facultatifs

La plupart des véhicules comportent d'autres cadrans et voyants :

- **la jauge de carburant,** souvent complétée par un voyant de réserve qui s'allume quand on approche de la fin du réservoir ;

- **la jauge à huile,** que l'on peut consulter quand le moteur est arrêté depuis quelque temps ;

- **le compte-tours** qui indique la vitesse à laquelle tourne le moteur, etc.

Jauges, voyants...
(voir annexes p 267)

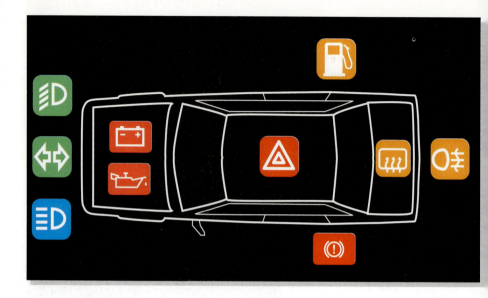

**VOYANTS ROUGES
=
DANGER**

**VOYANTS JAUNES
=
AIDE-MEMOIRE**

**VOYANTS VERTS - BLEUS
=
FEUX ALLUMÉS**

Les voyants ont des rôles différents selon leur couleur.
- **Les voyants rouges** alertent le conducteur sur un problème urgent :
 . le moteur chauffe anormalement ;
 . le niveau de liquide de frein est insuffisant, etc.

Quand on roule, aucun voyant rouge ne doit être allumé (sauf celui du signal de détresse dans certains cas).
- **Les voyants jaunes** servent d'aide-mémoire :
 . le starter est en service ;
 . le dégivrage de la glace arrière est en marche, etc.
- **Les voyants verts ou bleus** indiquent les feux qui sont allumés :
 . feux de croisement ;
 . feux de route, etc.

NB : Voir tableau des voyants en annexe

■ Principales commandes

Les commandes sont regroupées à portée du conducteur.
Il est indispensable de savoir trouver rapidement les principales sans quitter la route des yeux.
D'une marque ou d'un modèle à l'autre, leur position ou leur usage peut varier un peu. Quand on utilise une nouvelle voiture, il est donc utile, avant de partir, de se familiariser avec le poste de conduite.
Certains équipements sont obligatoires : avertisseur sonore, essuie-glaces, lave-glaces, antivol. D'autres, facultatifs, sont proposés sur de nombreux modèles : désembuage du pare-brise, dégivrage de la glace arrière.

Les commandes sont repérées par des symboles normalisés :
. klaxon ;
. éclairage ;
. essuie-glaces et lave-glaces.

Le plus souvent, l'antivol est constitué par le verrouillage de la direction. Pour le mettre en service, il suffit de retirer la clef de contact et de tourner le volant jusqu'à ce qu'il se bloque.
Pour le libérer, on tourne légèrement le volant afin qu'il ne soit pas en butée ni d'un côté ni de l'autre ; on tourne alors la clef de contact.

Des commandes groupées près du volant

Klaxon   Essuie-glaces

Contact et antivol

- Obligatoire : indicateur de vitesse, compteur kilométrique.
- Obligatoire : essuie-glaces, lave-glaces, klaxon, antivol.
- Voyant rouge = danger : s'arrêter (ou ne pas partir).

Avant de partir

Quelques précautions, faciles à prendre avant de partir, améliorent la sécurité et évitent des problèmes.

A L'APPROCHE DE LA VOITURE

Avant de monter dans la voiture, un rapide coup d'œil permet de s'assurer : qu'aucun pneu n'est dégonflé, qu'il n'y a pas de trace de fuite sur le sol, que les plaques et les feux sont propres.
On en profite pour évaluer la place disponible devant et derrière pour manœuvrer.

DE TEMPS EN TEMPS

Une préparation de quelques minutes pour conduire dans de bonnes conditions

Les ampoules des feux peuvent griller sans préavis. Il est donc nécessaire de vérifier régulièrement tous les feux.
Les vitres se salissent vite tant à l'intérieur qu'à l'extérieur, ce qui gêne la vision du conducteur, notamment la nuit ou lorsque le soleil est bas. Eviter les autocollants qui gênent la visibilité.
Les essuie-glaces se changent régulièrement au début de l'automne. Refaire le niveau du réservoir du lave-glace fréquemment.
Les pneus sont fragiles, coûtent cher, et jouent un rôle capital pour la sécurité. Il faut contrôler leur état :
- pression apparente ;
- usure uniforme ;
- pas d'entaille sur les flancs.

- Contrôles systématiques
  les pneus : état et pression ;
  les feux : propreté et fonctionnement.

Entre deux visites chez le garagiste, il est indispensable d'effectuer des contrôles, au moins tous les 2 000 km ou tous les mois.

ENTRETIEN ET DEPANNAGE

NIVEAUX

■ Moteur

Niveau d'huile : il doit être contrôlé quand le moteur est froid. Vérifier que le niveau est situé près du repère maxi. Au besoin, effectuer le complément avec une huile semblable (les références figurent normalement sur l'étiquette apposée lors de la précédente vidange).

Liquide de refroidissement : ajouter au besoin la quantité de liquide spécial utile pour atteindre le niveau maxi. Si un de ces niveaux a baissé sensiblement, examiner le moteur pour rechercher des traces de fuite.

1 - Huile moteur

2 - Liquide de refroidissement

3 - Liquide de freins

4 - Batterie

5 - Lave-glace

Contrôle des niveaux

De l'eau déminéralisée pour la batterie

Freins : S'assurer que le niveau du liquide est correct. S'il a baissé rapidement, faire contrôler le système de freinage par un spécialiste.

Batterie : L'électrolyte doit recouvrir les plaques. On contrôle le niveau par transparence ou en retirant les bouchons ; s'il est nécessaire de le compléter, on ajoute de l'eau déminéralisée.

Lave-glace : Maintenir un niveau suffisant de produit de nettoyage.

AUTRES CONTROLES

■ Pneus

Sous-gonflage = DANGER

La **pression des pneus** se mesure avec un manomètre.
Cette vérification s'effectue à froid. La notice du constructeur indique **2 pressions** : l'une pour des conditions "normales" d'utilisation, l'autre, supérieure de 200 à 300 grammes, pour circuler chargé ou sur autoroute. Pour la roue de secours, choisir la pression la plus élevée.

■ Divers

Contrôle et entretien réguliers

Pour éviter les mauvaises surprises, vérifier aussi :
- l'**état de la courroie**, qui ne doit être ni craquelée, ni effilochée ;
- l'**aspect des Durits** (craquelures, fixation des colliers) ;
- les **cosses** et la **fixation** de la **batterie.**

- Niveaux : huile moteur, liquide de refroidissement, liquide de frein, eau de la batterie, lave-glace.
- Pneus : 200 à 300 g en plus pour rouler chargé ou sur autoroute.

DEPANNAGE

■ Changer les ampoules

Est-ce un deux-roues ou une voiture "borgne" ?

Circuler avec une ampoule grillée peut présenter des risques graves. Généralement, le remplacement est assez facile en se référant à la notice du constructeur, à condition de disposer d'ampoules de rechange.
Il est recommandé de remplacer les deux lampes symétriques en même temps (garder celle qui n'est pas grillée en secours).

■ Changer les fusibles

Chaque appareil électrique est protégé par un **fusible**. En cas de panne électrique, il convient donc de contrôler le fusible correspondant. Pour cela, consulter la notice du constructeur qui indique le numéro ou le repère de chaque fusible. Remplacer un fusible grillé par un fusible neuf de même type et de même ampérage.

■ Batterie déchargée

Démarrer en utilisant une 2ème batterie

La **batterie** fournit l'énergie électrique du véhicule. Elle peut se trouver déchargée, lorsqu'on oublie d'éteindre l'éclairage par exemple. Il est alors impossible de mettre le moteur en marche en utilisant le démarreur. On peut néanmoins démarrer en poussant la voiture ou en utilisant une deuxième batterie. Dans les deux cas, il faudra ensuite rouler suffisamment pour que l'alternateur recharge la batterie.

■ Changer une roue

Débloquer

Lever

Remplacer

Bloquer

Si la voiture empiète sur la chaussée, allumer le signal de détresse.
- Sur un sol dur et plat, **immobiliser la voiture** : frein à main bien serré, enclencher la 1ère vitesse.
- Sortir la notice du constructeur, la roue de secours, le cric, et la manivelle.
- Retirer l'enjoliveur.
- **Débloquer les vis avec la manivelle.**
- Placer le cric à l'endroit prévu (notice).
- **Lever la voiture.**
- Enlever les vis et les placer dans l'enjoliveur (pour ne pas les perdre).
- Dégager la roue.
- Placer la roue de secours et la revisser.
- Descendre le cric.
- Bloquer les vis à la manivelle.
- Remettre en place l'enjoliveur.

Il est préférable de faire réparer rapidement la roue puis de la remettre en place afin de conserver, sur un même essieu, des pneus ayant le même niveau d'usure.

ENTRETIEN PERIODIQUE

Les opérations à effectuer lors des vidanges et des révisions périodiques sont indiquées dans la notice du constructeur.
On remplace périodiquement :
- l'**huile moteur** et le **filtre à huile** ;
- les **bougies d'allumage** (moteur essence) ;
- le **filtre à gazole** (moteur Diesel) ;
- les **plaquettes,** les **garnitures** et le **liquide de frein**, etc. ;

On procède à certains réglages :
- **tension du frein à main** ;
- **orientation des phares**.

On vérifie l'état de certains organes :
- **suspensions** : fixation, usure, fuites éventuelles ;
- **géométrie du train avant** ;
- **état du dispositif d'échappement,** etc.

Des révisions régulières

Consulter la notice du constructeur

POLLUTION

Les moyens de transport et en particulier l'automobile, sont, comme beaucoup de machines modernes, des engins "polluants".
Un moteur à explosion dégage des gaz toxiques. Un véhicule qui roule est une source importante de bruits.
Un entretien mal géré est la cause de pollution : huiles usagées, restes de véhicules, pneus brûlés...
C'est à chaque automobiliste de faire preuve de civisme en minimisant les nuisances liées à l'utilisation de son véhicule.

Un véhicule bien entretenu pollue moins

CONTROLE TECHNIQUE

Un contrôle technique obligatoire a été instauré pour éviter de laisser circuler des véhicules dangereux.

VOITURES PARTICULIERES

Plus de 4 ans, puis tous les 2 ans

DEFAUT DE
. FREINAGE
. ECLAIRAGE
. ROUES - PNEUS
. ECHAPPEMENT - POLLUTION
. SUSPENSIONS - ESSIEUX
. RESERVOIR
. CARROSSERIE
. DIRECTION
. EQUIPEMENTS
. PARE-CHOCS

= OBLIGATION DE REPARER

Les **voitures particulières** et les véhicules de transport de marchandises de moins de 3,5 t doivent subir une **première visite technique** dans un centre agréé, **4 ans après leur mise en circulation.** C'est au titulaire de la carte grise de prendre l'initiative de présenter son véhicule avant la date limite. Cette **visite** doit être **renouvelée** tous les **2 ans**, et avant toute vente de la voiture (à moins qu'une visite n'ait eu lieu dans les 6 mois précédents). Pratiquement toutes les "parties" du véhicule peuvent, en cas d'anomalie, faire l'objet d'une contre-visite obligatoire dans un délai de 2 mois.

MACARON

Collé sur le pare-brise

A l'issue d'un contrôle technique satisfaisant, le contrôleur :
- place un macaron sur le pare-brise ;
- appose sur la carte grise son cachet et la date de limite de validité de la visite.

● Voiture particulière et camionnettes : contrôle à partir de 4 ans, puis tous les 2 ans.

Chaque voiture est conçue pour transporter ou remorquer un certain poids. Il est interdit d'aller au-delà, car des problèmes de sécurité se poseraient : tenue de route, freinage, visibilité, etc.

CHARGEMENT REMORQUAGE

Le conducteur doit veiller à ce que ni les passagers, ni les objets ou animaux transportés ne gênent ses mouvements ou sa visibilité.
Les bagages ne doivent pas présenter de risques en cas de freinage brusque ou de choc.

PASSAGERS

Le nombre maximum de personnes qui peuvent prendre place dans une voiture, conducteur compris, est indiqué sur la carte grise, rubrique "Pl. Ass." (places assises). Les enfants de moins de 10 ans comptent pour une demi-personne, jusqu'à dix.

■ Nombre - Installation

Pas plus de passagers que prévu.
Tous les passagers attachés

Les passagers doivent être attachés et les enfants placés à l'arrière (voir chapitre Vitesse).

Le fait de ne pas attacher les enfants ou de ne pas mettre la ceinture est une infraction sanctionnée par une amende forfaitaire de 230 F.

ENFANTS :
Un système homologué
pour chaque âge

CHARGEMENT

■ Poids

Pas d'objet lourd sur la plage arrière

Le poids maximum que peut atteindre un véhicule, chargement compris, est indiqué sur la carte grise, rubrique "Poids T.C." (Poids Total Autorisé en Charge).
Pour les fourgonnettes, le P.T.A.C. est aussi indiqué sur le côté avant droit du véhicule. Il est interdit de circuler avec un véhicule dont le poids réel dépasse le P.T.A.C.
Les objets lourds doivent être répartis et placés le plus bas possible pour ne pas trop modifier la tenue de route, ni devenir de dangereux projectiles.
Sur la galerie, (ou ailleurs), veiller à bien arrimer le chargement.

■ Longueur

Dépassement à l'arrière : 3 m maxi
A partir d'1 m : signalisation

Les objets encombrants peuvent dépasser à l'arrière, mais jamais à l'avant.
S'ils dépassent de plus d'un mètre, ils doivent être signalés par un dispositif réfléchissant homologué, et complété par un feu rouge pour rouler de nuit ou par temps de brouillard.
Le chargement ne doit en aucun cas dépasser de plus de 3 mètres, ni traîner sur le sol. Il doit être solidement attaché.

- Nombre maxi. de passagers indiqué sur la carte grise.
- Enfants situés à l'arrière. Tous les passagers attachés.
- Poids maxi. : P.T.A.C. indiqué sur la carte grise.
- Chargement dépassant à l'arrière : 3 m maxi, dispositif spécial de signalisation entre 1m et 3 m.

REMORQUE ET CARAVANE

L'utilisation d'une remorque (caravane, porte-bateau, remorque à bagages, etc) est possible en respectant certaines règles.

Plaque de tare
Les remorques autres que les caravanes doivent comporter à l'avant droit une plaque indiquant leur poids à vide (P.V.), poids total autorisé en charge (P.T.A.C.), largeur (l), longueur (L) dispositif d'attelage compris, surface (S)

Plaque d'immatriculation
Les remorques de plus de 500 kg de PTAC ont leur propre carte grise, et donc un numéro d'immatriculation qui leur est spécifique.
Les autres remorques ont une plaque reproduisant le numéro du véhicule tracteur.

Le poids total autorisé en charge (PTAC)
C'est le poids maximum que peut atteindre la remorque avec son chargement. Il figure sur la plaque du constructeur (et sur la carte grise des remorques de plus de 500 kg).

Le poids total roulant autorisé (PTRA)
C'est le poids maximum de l'ensemble constitué d'une voiture et de sa remorque.
Il figure sur la carte grise de chaque voiture.

IL EST INTERDIT DE TRANSPORTER DES PERSONNES DANS UNE REMORQUE.

■ Plaques et inscriptions

Remorque de plus de 500 kg : plaque différente de celle de la voiture

■ Limites de poids

Sur les plaques

■ Permis de conduire

Remorque de plus de 750 kg
Permis E (B) obligatoire :
- si le PTAC de la remorque dépasse le poids à vide de la voiture
ou
- si le PTAC de la remorque + le PTAC de la voiture dépasse 3 500 kg.

Il est parfois nécessaire de posséder un permis de conduire E (B), spécial pour tracter une remorque.

■ Equipements

Remorque visible

2 FEUX ROUGES
2 SYSTEMES REFLECHISSANTS
PLAQUE IMMATRICULATION ÉCLAIRÉE

OBLIGATOIRE
SI LA REMORQUE
DÉPASSE 500 kg

RETROVISEUR A DROITE
SI NECESSAIRE

Eclairage et signalisation obligatoires

- *à l'arrière :* 2 feux rouges, 2 dispositifs réfléchissants rouges triangulaires, éclairage de la plaque d'immatriculation. Pour les remorques dont le PTAC ne dépasse pas 500 kg, les feux "stop" et les clignotants sont nécessaires si ceux de la voiture ne sont pas visibles.
- *à l'avant :* 2 dispositifs réfléchissants blancs, 2 feux de position blancs si la remorque a une largeur supérieure à 1,60 m ou dépasse de plus de 0,20 m celle de la voiture.
- **sur les côtés :** *des dispositifs réfléchissants oranges, des feux d'encombrement si la remorque mesure plus de 2,10 m de large.*
- **dans le coffre** *: un triangle si l'on tracte une remorque de plus de 500 kg.*

Si la remorque masque la visibilité dans le rétroviseur intérieur ou dépasse la largeur de la voiture, un rétroviseur extérieur à droite est obligatoire.

Les véhicules qui tractent une remorque sont soumis aux mêmes règles que les autres. Mais lorsque qu'une réglementation ne concerne que ces véhicules, la signalisation est complétée par un panonceau.
De plus, selon la largeur et la hauteur de la remorque, on peut être concerné par d'autres signaux.

Les ensembles de **plus de 7 m de long** (véhicule tracteur et sa remorque)
. hors agglomération, ils doivent laisser un intervalle d'au moins 50 m en suivant un autre ensemble de plus de 7 m ou un véhicule de plus de 3,5 t ;
. sur les routes comportant 3 voies ou plus dans le même sens, ils ne peuvent utiliser que les 2 voies les plus à droite ;
. lorsque le croisement ou le dépassement est difficile, ils doivent ralentir ou s'arrêter pour laisser passer les véhicules plus petits. Cependant, sur les routes de montagne, si une marche arrière est nécessaire, c'est le véhicule unique qui doit reculer.

■ Règles de circulation

Véhicule de plus de 10 m de longueur

Remorque de plus de 250 kg de PTAC

Remorque ou caravane de PTRA ≤ 3,5 t

Attention à la hauteur et à la largeur

DISTANCE DE SÉCURITÉ
AVEC AUTRE VÉHICULE ENCOMBRANT :
50 m MINIMUM.

SENS UNIQUE :
UTILISATION DES 2 VOIES
DE DROITE SEULEMENT

- Plaque d'immatriculation, plaque du constructeur, et pour les remorques, plaque de tare.
- Remorques de plus de 750 kg, permis E (B) obligatoire :
  si PTAC remorque > PV voiture,
  ou si PTAC remorque + PTAC voiture > 3,5 t.
- PTAC remorque > 500 kg : triangle obligatoire.
- Véhicule tracteur : rétroviseur extérieur droit si la visibilité est masquée dans le rétroviseur intérieur.
- Ensembles de plus de 7 mètres : intervalle de sécurité 50 m minimum.

LES PAPIERS

CARTE GRISE

La carte grise est délivrée par la Préfecture

A MODIFIER
VENTE = 15 JOURS
DÉMÉNAGEMENT = 1 MOIS

A présenter lors d'un contrôle routier

Délivrance :
Lors de la mise en circulation de tout véhicule à moteur (sauf les cyclomoteurs) et de toute remorque de plus de 500 kg de PTAC.

Mentions :
- le numéro d'immatriculation à faire figurer sur les plaques ;
- le nom et l'adresse du titulaire ;
- les caractéristiques du véhicule...

Modifications :
Elle doit être modifiée par la préfecture en cas de vente du véhicule (15 jours) ou de changement de domicile du titulaire (1 mois).

Présentation :
La carte grise doit être présentée :
- lors des contrôles techniques obligatoires ;
- lors des contrôles routiers.
En cas de perte ou de vol, il est indispensable d'en faire la déclaration auprès des services de Police ou de Gendarmerie.
Le récépissé de perte ou de vol tient lieu de carte grise (pendant 1 mois) en attendant la délivrance d'un duplicata.

ATTESTATION D'ASSURANCE

Tout véhicule à moteur doit être assuré (voir chapitre Accident). L'attestation et le certificat d'assurance indiquent notamment l'identification du véhicule et la date limite de validité (ils restent valable pendant le mois qui suit cette date). L'attestation est conservée avec les papiers de la voiture. Le certificat doit être collé dans le coin en bas à droite du pare brise.

Tout véhicule à moteur doit être assuré

VIGNETTE FISCALE ET REÇU

La vignette fiscale doit être renouvelée chaque année avant le 1er décembre. Son prix varie avec la puissance fiscale, l'âge du véhicule, et selon les régions. Elle doit être collée dans le coin inférieur droit du pare-brise. Le reçu est à conserver avec les papiers du véhicule pour pouvoir être présenté en cas de contrôle.

A acheter et à placer sur le pare-brise pour le 1er décembre 1999

MACARON DE VISITE TECHNIQUE

Ce document est apposé sur le pare-brise à l'issue de la visite technique qui est obligatoire pour les véhicules de plus de 4 ans.

Obligatoire pour véhicules de plus de 4 ans.

- Papiers obligatoires :
  - carte grise ;
  - attestation d'assurance ;
  - talon de vignette fiscale.

- Obligatoire sur le pare-brise :
  - vignette fiscale ;
  - certificat d'assurance ;
  - macaron contrôle technique (voitures de plus de 4 ans).

EVALUATION

■ Comment s'appelle la position où la pédale de gauche est complètement enfoncée ?

■ 1
Embrayée .... ❏
Débrayée .... ❏
Patinage .... ❏

■ Au point mort, moteur en marche, que se passe-t-il si on appuie sur l'accélérateur ?

■ 2
. . . .
. . . .
. . . .

■ Il est dangereux de rouler avec des pneus usés. Quelle est la profondeur minimale des rainures principales en dessous de laquelle on est en infraction ?

■ 3
. . . .
. . . .
. . . .

■ C'est en bloquant les roues qu'on obtient le freinage le plus efficace.

■ 4
Vrai .... ❏
Faux .... ❏

■ Les feux arrière de brouillard peuvent être allumés en cas :

■ 5
- de chute de neige .... ❏
- de forte pluie .... ❏
- de brouillard .... ❏
- de temps clair sur route étroite ❏

■ De nuit, à quelle distance minimale la plaque d'immatriculation doit-elle être lisible ?

■ 6
....
....
....

■ Sauf exception, quand un voyant rouge s'allume au tableau de bord, il est indispensable de s'arrêter au plus vite.

■ 7
Vrai .... ❑
Faux .... ❑

CORRECTION

■ Réponse 7 : Vrai

■ Réponse 6 : 20 mètres.

■ Réponse 5 : De chute de neige
De brouillard

■ Réponse 4 : Faux

■ Réponse 3 : 1,6 mm.

■ Réponse 2 : Le moteur tourne plus vite mais dans le vide.
Le véhicule n'avance pas.

■ Réponse 1 : - Débrayée

CONDUITE
2

CONDUITE

Conduire est une tâche complexe qui consiste à **observer, prévoir, décider et agir** pour circuler en sécurité parmi les autres. Pour cela, il est indispensable d'apprendre certaines procédures et de s'entraîner à les mettre en œuvre avec un enseignant de la conduite qualifié.

INSTALLATION

Une bonne position de conduite permet :
- d'avoir une bonne vision vers l'avant, l'arrière et sur les côtés ;
- d'agir rapidement et précisément sur les commandes ;
- de limiter la fatigue.

SIEGE

1- Régler l'avance du siège de façon à pouvoir enfoncer au maximum la pédale de gauche (débrayage), le talon restant au sol et la jambe légèrement fléchie.
Vérifier le blocage du siège.
2- Régler l'inclinaison du dossier de façon à pouvoir :
- atteindre le haut du volant, le bras légèrement fléchi ;
- passer la 5ème vitesse ;
Le tout sans avancer le buste.
Certains sièges et certains volants se règlent en hauteur.

Bien réglé, pour être à l'aise

RETROVISEURS

3- Régler le rétroviseur intérieur de manière à voir le haut de la vitre arrière dans le haut du rétroviseur.
4- Régler le rétroviseur extérieur de manière à voir la poignée de la porte arrière dans le coin en bas à droite du rétroviseur.

Si le véhicule est équipé d'un rétroviseur extérieur droit, le régler de la même manière.

Pour voir derrière le mieux possible

CEINTURES

5- Vérifier que tous les passagers sont attachés, et s'attacher soi-même. Les sangles doivent être bien à plat.
Le fait de ne pas attacher la ceinture de sécurité entraîne la perte d'1 point sur le permis du conducteur.

Une habitude de tous les jours

- Régler :
  - le siège ;
  - le dossier ;
  - le rétroviseur intérieur ;
  - le rétroviseur extérieur.
- Vérifier que les passagers sont attachés, puis s'attacher.

DÉMARRAGE ARRÊT

MISE EN MARCHE

A froid : starter, préchauffage pour un diesel

Pour pouvoir mettre en marche le moteur, il faut d'abord déverrouiller l'antivol (voir chapitre véhicule), puis :

1- Vérifier que la boîte de vitesses est au point mort (P.M.). Eventuellement, débrayer. Boîte automatique : mettre le sélecteur en position neutre (N).

2- Mettre le contact : certains voyants de contrôle s'allument. Pour les véhicules diesel, attendre que le voyant de préchauffage s'éteigne.

3- Actionner le démarreur, et relâcher la clef dès que le moteur démarre. Sur certains véhicules, il est utile de maintenir une légère accélération en actionnant le démarreur.

Calage : remettre en marche
En cas de calage en circulation, il faut pouvoir remettre en marche rapidement. Pour cela :
- ramener la clef de contact à zéro : les voyants s'éteignent (**1**) ;
- débrayer à fond (**2**);
- remettre le contact et actionner le démarreur (**3**).

Attention, avant que la voiture ne commence à avancer, il faudra s'assurer de pouvoir partir sans danger (contrôles visuels), et avertir (clignotant).

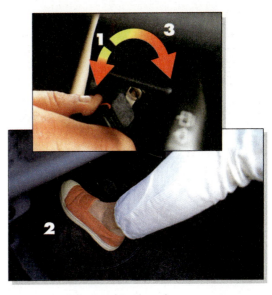

Pour repartir après calage.

ARRET

Pour arrêter la voiture, il faut :
- lâcher l'accélérateur ;
- freiner ;
- débrayer dans les derniers mètres (véhicules à boîte de vitesses mécanique).

Attention, avant de ralentir, il faudra vérifier qu'on n'est pas suivi de trop près (contrôle rétroviseur), et avertir (feux stop).

Freiner

Débrayer dans les derniers mètres

- Démarrage : point mort, contact, démarreur.
- Arrêt : lâcher l'accélérateur, freiner, débrayer.
- Avant de partir ou de s'arrêter : contrôler et prévenir.

Changement de vitesses

La boîte de vitesses permet d'adapter la force du moteur aux besoins de la circulation.

Au départ on a besoin de beaucoup de force surtout si le véhicule est chargé et si la route monte ; mais on n'a pas besoin de vitesse élevée. Ce sera le contraire sur autoroute. Avec une boîte automatique, l'adaptation se fait toute seule. Une boîte manuelle impose au conducteur de changer les rapports lui-même selon les situations.

MONTER LES VITESSES

Le départ s'effectue en 1ère vitesse. Puis, pour aller plus vite, on "monte" successivement en 2ème, 3ème, etc.
Le moment où s'effectue le changement est important :
- trop tôt, la voiture peine et a du mal à s'élancer ;
- trop tard, le moteur fatigue et la consommation de carburant augmente.

DESCENDRE LES VITESSES

Rétrograder pour pouvoir repartir

Il est nécessaire de redescendre les vitesses (rétrograder) dans plusieurs cas :

- pour un ralentissement : on redescend un rapport à chaque fois que la vitesse du moteur devient insuffisante pour continuer ou repartir rapidement ;

- *dans une montée on rétrograde quand la vitesse du moteur devient insuffisante pour continuer ;*

- *avant de s'arrêter on redescend un rapport à chaque fois que la vitesse du moteur devient insuffisante (risque de soubresauts et de calage) ;*

- *dans une descente pour éviter de freiner trop souvent, on rétrograde pour retenir la voiture.*

Attention, *que ce soit pour monter les vitesses ou pour rétrograder, le changement de rapport n'est effectif que lorsqu'on a relâché l'embrayage.*

Rétrograder pour retenir

- Départ : en 1ère vitesse.
- Monter les vitesses quand on augmente l'allure.
- Descendre les vitesses :
    - pour s'arrêter ou continuer après un ralentissement ;
    - pour repartir après un fort ralentissement ;
    - pour retenir la voiture dans une descente.

Trajectoire

TENUE DU VOLANT

La trajectoire du véhicule est conditionnée par la façon dont on tient le volant, et l'endroit où l'on regarde.

Une position des mains équilibrée

Se préparer pour tourner

Des mains bien placées au milieu du virage

Les mains doivent tenir le volant sans le serrer trop fort, sans se crisper.

Marche normale et courbes légères
Les mains sont placées de part et d'autre de la couronne (position 9 h 15 ou 10 h 10 sur le cadran d'une horloge), pour s'équilibrer et afin d'accéder facilement aux commandes de clignotant ou d'essuie-glaces simplement en allongeant les doigts, sans lâcher le volant.

Virages importants
On déplace la main avant un virage important de façon à retrouver, dans le virage, une position des mains identique à celle en ligne droite. Les mains se retrouvent à "10 h 10". On peut ainsi, si nécessaire, corriger la trajectoire ou accéder aux commandes (klaxon, feux, etc.). Il est dangereux de tenir le volant :
- d'une seule main (manque de précision) ;
- en bas ou en haut du volant (écarts mal contrôlés) ;
- par l'intérieur (retard du geste, risque de blessure en cas de choc).

Tournants
Les mains tirent alternativement sur le volant (technique du "chevauchement").
Attention, lors des changements de vitesse, pour éviter les écarts, la main gauche ne doit pas être crispée sur le volant.

REGARD

On dirige naturellement le véhicule là où on regarde. Le regard doit donc se porter dans la direction où l'on veut aller, assez loin devant. Par ailleurs, il faut du temps pour décider de ce qu'on va faire, et pour agir. Plus on regarde loin, plus on se laisse du temps pour réagir.

Dans un virage, on regarde alternativement le point de corde et le point de sortie du virage, ces points se déplaçant au fur et à mesure de la progression de la voiture.

Marche arrière
Pour effectuer une marche arrière, il faut se retourner, dos à la portière pour avoir le meilleur champ de vision possible.
En ligne droite, on place la main gauche en haut du volant.
Les légères corrections de trajectoire ne nécessitent pas de déplacement de la main sur la couronne.

Attention, certaines zones restent masquées au conducteur sur les côtés et juste à l'arrière de la voiture.

Regarder loin

Point de corde

Une bonne position pour la marche arrière

On ne peut jamais tout voir !

AVERTISSEMENTS

Différents signaux permettent de savoir ce que vont faire les autres usagers. Ainsi, on évite d'être surpris et on limite les risques d'accidents.

AVERTISSEMENTS SYSTEMATIQUES

Avertir les autres : clignotants - feux "stop"

Il est indispensable d'avertir :
- **avant chaque changement de trajectoire :**
on actionne le clignotant (indicateur de changement de direction) du bout des doigts, sans lâcher le volant, dans le sens où l'on devra le tourner.
- **avant tout ralentissement :**
on allume les feux "stop" dès qu'on touche la pédale de frein, avant même que les freins ne commencent à agir.

AVERTISSEMENTS OCCASIONNELS

Danger immédiat = KLAXON

- **Situation courante :**
pour éviter de surprendre un usager qui ne nous a peut-être pas vu, il est parfois utile d'avertir à l'aide du klaxon (avertisseur sonore) de jour hors agglomération. On peut aussi utiliser l'appel lumineux, notamment en ville ou de nuit.

- **En cas de danger immédiat :**
il peut être nécessaire de prévenir un conducteur pour éviter un accident. Dans ce cas, on peut employer les 2 avertisseurs.
Il faut donc être capable, en toutes circonstances, d'atteindre sans délai les commandes qui servent à avertir.

- **En cas de ralentissement :**
le dernier véhicule d'une file doit allumer ses feux de détresse pour éviter de surprendre d'autres conducteurs.

- Dernier d'une file

- Panne

- Marche normale : mains à "9 h 15" ou "10 h 10".
- Virages importants : déplacer la main avant pour retrouver la bonne position dans la courbe.
- Regarder loin devant.
- En marche arrière : se retourner pour regarder en vision directe.
- Avertir pour ne pas surprendre ni être surpris, avant tout ralentissement ou changement de trajectoire.

Conduite économique

L'application de quelques principes simples permet de limiter l'usure du véhicule, la consommation de carburant, la pollution ...

ENTRETIEN DU VEHICULE

Moteur
Un moteur dont l'allumage et la carburation sont mal réglés fonctionne moins bien. Il consomme et pollue anormalement.

Pneus
Si les pneus ne sont pas assez gonflés, ou s'ils n'ont pas la même pression sur un même essieu, ils offrent une plus grande résistance à l'avancement, d'où une plus grande consommation.

Moteur mal réglé
=
consommation + pollution + usure
(contrôle technique : réparation obligatoire)

Résistances à l'avancement
=
Consommation

Chargement
Tout poids inutile (notamment celui des objets qui restent dans le coffre) augmente la consommation de carburant.
Les objets transportés sur le toit présentent une résistance supplémentaire à la pénétration dans l'air.
Une galerie, même vide, peut accroître la consommation de 1 litre aux 100 km.

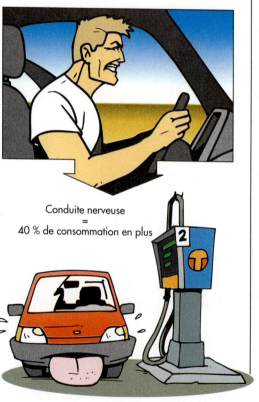

Conduite nerveuse
=
40 % de consommation en plus

Style de conduite
Une conduite brutale augmente l'usure de la voiture
et la consommation,
sans gain de temps significatif.
L'écart de consommation avec un conducteur calme et efficace peut atteindre 40 %.
Au démarrage, il est inutile de laisser chauffer la voiture avant de partir. Il suffit de ne pas trop pousser le moteur avant de changer de vitesse.
En circulation :
- laisser un espace suffisant derrière un autre usager pour ne pas avoir à freiner et à accélérer brutalement ;
- choisir un rapport de boîte qui n'oblige pas à appuyer trop fort sur l'accélérateur ;
- conserver une vitesse aussi stable que possible ;
- couper le moteur pour tout arrêt prolongé.

EVALUATION

■ Quels sont les réglages à effectuer en s'installant au poste de conduite ?

■ 1
. . . .
. . . .
. . . .

■ Comment procède-t-on pour remettre rapidement en marche après un calage ?

■ 2
. . . .
. . . .
. . . .

■ Citer trois cas où il faut rétrograder une ou plusieurs vitesses.

■ 3
. . . .
. . . .
. . . .

■ Pourquoi est-il bon que les mains soient placées à 9 h 15 (ou 10 h 10) dans les virages ?

■ 4
. . . .
. . . .
. . . .

■ Citer trois manières de tenir le volant qui présentent des risques.

■ 5
. . . .
. . . .
. . . .

EVALUATION

🟩 *Pour diriger la voiture, il vaut mieux regarder :*

🟩 **6**
- en marche avant :
  assez loin devant .... ❏
  le plus près possible .... ❏
- en marche arrière :
  dans les rétroviseurs .... ❏
  en se retournant .... ❏

🟩 *En cas de danger immédiat, il est toujours possible d'utiliser l'avertisseur sonore, même en ville ou à proximité d'un hôpital.*

🟩 **7**
Vrai .... ❏
Faux .... ❏

🟩 *Citez deux cas où il faut regarder dans le(s) rétroviseur(s).*

🟩 **8**
....
....
....

🟩 *Pour limiter la consommation de carburant, il est recommandé :*

🟩 **9**
- de diminuer légèrement la pression des pneus :
  Oui .... ❏
  Non .... ❏
- de laisser chauffer le moteur sur place avant de partir :
  Oui .... ❏
  Non .... ❏

■ Réponse 1 : *Siège.*
Dossier.
Rétroviseur intérieur.
Rétroviseur extérieur.

■ Réponse 2 : *Ramener la clef à zéro.*
Débrayer à fond.
Contact et démarreur.

■ Réponse 3 : *Pour se relancer après un ralentissement.*
Avant de s'arrêter.
Pour retenir le véhicule dans une descente.
Pour continuer dans une forte montée.

■ Réponse 4 : *Pour corriger facilement la trajectoire.*
Pour accéder à tout moment aux commandes.

■ Réponse 5 : *D'une seule main. En haut ou en bas. Par l'intérieur.*

■ Réponse 6 : *assez loin devant*
en se retournant

■ Réponse 7 : *Vrai*

■ Réponse 8 : *Avant de ralentir. Avant de changer de trajectoire*

■ Réponse 9 : *- diminuer légèrement la pression des pneus :*
non
- laisser chauffer le moteur sur place avant de partir :
non

CORRECTION

SIGNALISATION
3

SIGNALISATION

Il est indispensable de bien comprendre les grands principes de lecture de la signalisation : ainsi, on peut déchiffrer tous les signaux, même ceux qu'on découvre pour la première fois. Bien connaître la signalisation et savoir l'interpréter permet d'adapter la conduite au message reçu.

La signalisation a pour but :
- d'avertir des dangers qu'on peut rencontrer ;
- d'informer des règles de conduite à appliquer ;
- de donner des indications utiles pour la conduite.

Signalisation Verticale

Principes Généraux

■ Formes et couleurs

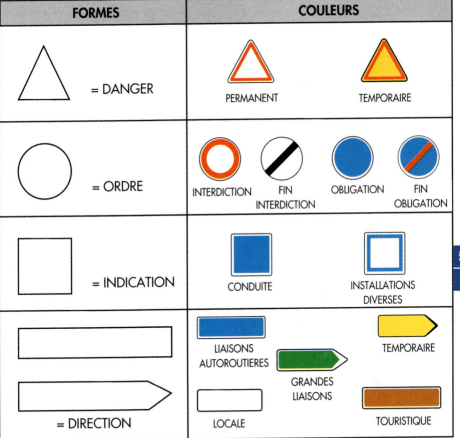

ATTENTION

Les panneaux d'intersection, de priorité et les feux sont dans le chapitre IV INTERSECTION.
Les panneaux concernant l'arrêt et le stationnement sont étudiés dans le chapitre VI VILLE.
Les panneaux autoroutiers sont dans le chapitre VIII AUTOROUTE.

■ Symboles et inscriptions

Annonce d'un passage pour piétons

Accès interdit aux piétons

Le symbole est l'objet même du message. Il se lit plus vite qu'un texte, et se comprend quelle que soit la langue de l'usager.
Les symboles ont une signification différente suivant le type de panneau qui les porte.

Point de départ d'excursion à pied
Chemin obligatoire pour piétons

Lorsqu'il n'existe pas de symbole correspondant au message désiré, on utilise un texte.

■ Panonceaux

Vitesse limitée à 50 km/h pour les transports de marchandises.

Lorsqu'il est nécessaire de préciser un panneau, il est complété par un panonceau.
Pour lire le signal, il faut donc tenir compte du panneau et du panonceau placé dessous.

Vitesse limitée à 50 km/h pour tous et accès interdit aux transports de marchandises.

Attention, deux panneaux placés l'un au-dessus de l'autre doivent se lire séparément.

- Triangle pointe en haut = danger.
- Cercle = ordre (prescription).
- Carré = simple indication.
- Deux panneaux se lisent séparément.
- Un panneau et un panonceau se lisent ensemble.

DANGERS

■ Forme et but

Les panneaux de danger sont des triangles pointe en haut à bord rouge.
Ils ont pour but d'attirer l'attention des conducteurs sur un obstacle possible ou une zone à risque.
Dans les situations particulièrement dangereuses, le panneau peut être lumineux ou renforcé par un feu jaune clignotant.

Triangle = Danger

■ Implantation

150 m à la campagne
50 m en ville

Panneau de danger hors agglo

Cas général

Pour laisser au conducteur le temps de réagir et d'adapter son comportement, les panneaux de danger sont placés un peu avant le risque signalé :
- environ 50 m en agglomération ;
- environ 150 m en rase campagne (en raison de la vitesse plus élevée).

Cas particuliers

Par exception, le panneau "circulation dans les deux sens" est implanté au niveau du danger.

Les signaux peuvent être complétés par un panonceau :
- de distance, quand l'éloignement du danger est différent du cas général ;
- d'étendue, quand le risque concerne toute une zone.

 Virage dangereux à 200 m

 Virages dangereux sur 500 m

Dangers signalés et comportement

En présence d'un signal de danger, il convient de :
- *ralentir ;*
- *repérer le risque annoncé ;*
- *choisir les actions adaptées.*

Le danger peut être lié à :
- La route elle-même :
. virages inattendus, serrés, ou qui se referment ;
. pentes importantes, (7 % = 7 m de dénivellation pour une distance de 100 m) ;
. largeur réduite, qui oblige à ralentir ou à s'arrêter pour croiser.

- L'état de la route ou de l'environnement :
. revêtement glissant ;
. déformations : cassis, ralentisseur, nid de poule ;
. vent latéral : prévoir les écarts de direction ; le panneau peut être complété par une manche à air qui précise la direction et la force du vent ;
. chute de pierres : s'attendre à trouver des obstacles sur la chaussée, éviter de stationner.

- D'autres voies de communication :
. passages à niveau : les signaux avancés annoncent ceux qu'on trouvera en position à proximité des voies ferrées.
Un balisage peut être mis en place pour rappeler l'approche du passage à niveau ;

Descente dangereuse

Risque de chutes de pierres

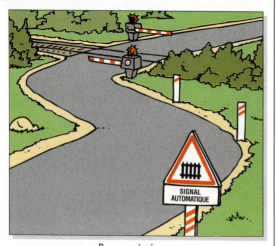

Passage à niveau

150 m   100 m   50 m

. ponts mobiles : s'attendre à trouver une barrière et des feux qui interrompent la circulation ;

. aérodromes : la circulation peut être interrompue lors des passages d'avions à basse altitude.

Pont mobile   Aire de danger aérien

- D'autres usagers de la route :
Ils peuvent surgir de directions diverses. Regarder et adapter l'allure à la visibilité :
. passage piétons ;
. débouché de deux-roues ;
. passages d'animaux sauvages, domestiques, de cavaliers.

Passage éventuel d'animaux sauvages

- Des risques particuliers :
. configuration ambiguë des lieux ;
. situation exceptionnelle.
Modérer sa vitesse, évaluer le risque.

Exemple de danger particulier

- Panneau de danger = signal avancé :
  - environ 50 m avant en ville ;
  - environ 150 m avant en rase campagne.
  (sauf circulation à double sens, signal de position).
- Panneau de danger = ralentir.

■ Signaux de danger

 Virage à droite
 Virage à gauche
 Succession de virages Le 1er est à droite
 Succession de virages Le 1er est à gauche
 Cassis ou dos d'âne
 Ralentisseur
 Chaussée rétrécie

 Chaussée rétrécie par la droite
 Chaussée rétrécie par la gauche
 Chaussée particulièrement glissante
 Pont mobile
 Passage pour piétons
 Endroits fréquentés par les enfants
 Dangers pour lesquels il n'existe pas de panneaux correspondants

 Passage d'animaux domestiques
 Passage d'animaux sauvages
 Passage de cavaliers
 Descente dangereuse
 Annonce de feux tricolores
 Circulation dans les deux sens
 Risque de chutes de pierres ou de pierres tombées sur la route

 Débouché sur un quai ou une berge
 Débouché de cyclistes ou cyclomotoristes venant de droite ou de gauche
 Débouché de cyclistes ou cyclomotoristes venant de gauche seulement
 Traversée d'une aire de danger aérien
 Vent latéral
 Carrefour à sens giratoire avec priorité aux usagers circulant sur l'anneau

■ Passage à niveau

 Barrières à fonctionnement manuel
 Ligne électrifiée située à moins de 6 m au dessus de la chaussée
  Demi-barrières à fonctionnement automatique
 Traversée de voies de tramways

  Passage à niveau sans barrière ni demi-barrière
 Obligation de s'arrêter si le feu rouge clignote
 Obligation de marquer l'arrêt avant de traverser la voie

PRESCRIPTIONS

Les panneaux de prescription sont de forme circulaire.
Ils donnent un ordre.

■ Forme et but

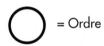 = Ordre

■ Implantation

Les panneaux de prescription sont placés en général au point où la règle prend effet.
Cette règle reste applicable sur la route où le panneau est implanté :
- jusqu'à la prochaine intersection ;
- ou jusqu'à un signal qui y met fin.

Les signaux peuvent être complétés par un panonceau de distance, d'étendue, ou de catégorie.

Quand la prescription concerne toute une zone, le signal est placé dans un panneau carré à fond blanc (entrée de zone).
Il reste alors en vigueur, malgré les intersections, jusqu'au signal de sortie de zone.

Stationnement interdit jusqu'à la prochaine intersection

Entrée   Sortie

■ Types et prescriptions

Les interdictions
Les panneaux d'interdiction sont cerclés de rouge.
Lorsqu'ils sont lumineux, le symbole est blanc sur fond noir.
Ils peuvent interdire :
- **l'accès**
  - à certaines rues, dans un sens ou dans les deux sens ;
  - à certaines catégories d'usagers.
- **certaines manœuvres**
  - dépassement ;
  - changement de direction, demi-tour.

Accès interdit aux piétons et aux cyclistes

Céder le passage en face

Ils peuvent préciser l'endroit où s'appliquent :
- **des règles particulières concernant :**
  - l'intervalle de sécurité minimum ;
  - l'ordre de passage dans un endroit étroit ;
  - l'usage du klaxon ;
  - l'arrêt et stationnement ;
  - la vitesse maximale.

Arrêt obligatoire au poste de péage

- **l'ordre de s'arrêter :**
  - au poste de péage ;
  - au contrôle de police, etc.

Dans ce cas, l'arrêt s'effectue à l'endroit indiqué, et non au niveau du panneau.

- Panneau d'interdiction = ordre.
- L'interdiction commence au panneau et finit :
  - à la prochaine intersection

  ou

  - au panneau de fin d'interdiction.

Les fins d'interdiction

Les panneaux de fin d'interdiction sont à fond blanc barrés de noir.
Ils précisent :
- l'endroit où prend fin l'interdiction correspondante ;
- la sortie d'une zone ;
- l'endroit où prend fin l'ensemble des interdictions sauf celles concernant le stationnement.

Fin de limitation de vitesse

Les obligations

Les panneaux d'obligation sont à fond bleu.

Ils peuvent imposer :
- **une direction**
  - à suivre à la prochaine intersection ;
  - à prendre avant le panneau.
- **une voie**
  - réservée à certains usagers, et par conséquent interdite aux autres.
- **diverses obligations**
  - vitesse minimale ;
  - équipements spéciaux, etc.

Voie réservée aux bus

Les fins d'obligation

Les panneaux de fin d'obligation sont à fond bleu barrés de rouge.

Ils mettent fin aux obligations correspondantes.

Fin de voie réservée aux bus

■ Panneaux d'interdiction

Circulation interdite à tout véhicule dans les deux sens

Sens interdit

Interdiction de tourner à gauche à la prochaine intersection

Interdiction de tourner à droite à la prochaine intersection

Interdiction de faire demi-tour jusqu'à la prochaine intersection incluse

Interdiction de dépasser tous les véhicules à moteur autres que ceux à deux roues sans side-car

L'interdiction de dépasser concerne seulement les transports de marchandises de plus de 3,5 t

Arrêt obligatoire au poste de douane

Arrêt obligatoire au barrage de gendarmerie

Arrêt obligatoire au barrage de police

Arrêt obligatoire au poste de péage

Accès interdit aux véhicules à moteur à l'exception des cyclomoteurs

Accès interdit à tous les véhicules à moteur

Accès interdit aux véhicules affectés au transport de marchandises

Accès interdit aux piétons

Accès interdit aux cycles

Accès interdit aux véhicules à traction animale

Accès interdit aux véhicules agricoles à moteur

Accès interdit aux voitures à bras

Accès interdit aux véhicules de transport en commun

Accès interdit aux cyclomoteurs

Accès interdit aux véhicules ou ensemble de véhicules ayant une longueur, chargement compris, supérieure à 10 m

Accès interdit aux véhicules dont la largeur chargement compris, dépasse la dimension indiquée

Accès interdit aux véhicules dont la hauteur, chargement compris, dépasse la dimension indiquée

Accès interdit aux véhicules dont le PTAC (ou le PTRA) dépasse le poids indiqué

Accès interdit aux véhicules pesant sur un essieu plus de 2 tonnes

Limitation de vitesse

Cédez le passage à la circulation venant en sens inverse

Signaux sonores interdits

Interdiction aux véhicules de circuler sans maintenir entre eux au moins l'intervalle indiqué

Accès interdit aux véhicules transportant des produits explosifs ou facilement inflammables

Accès interdit aux véhicules transportant des produits de nature à polluer les eaux

Accès interdit aux véhicules transportant des matières dangereuses et signalés comme tels

Interdiction dont la nature est mentionnée par une inscription sur le panneau

■ Fin d'interdiction

| Fin de toutes les interdictions précédemment signalées imposées aux véhicules en mouvement | Fin de limitation de vitesse à 60 km/h | Fin d'interdiction de dépasser | Fin d'interdiction de l'emploi des avertisseurs sonores | Fin d'interdiction de dépasser pour les véhicules de transport de marchandises dont le PTAC est supérieur à 3,5 tonnes | Fin d'une interdiction dont la nature est mentionnée sur le panneau |

■ Panneau d'obligation

| Obligation de tourner à droite avant le panneau | Obligation de tourner à gauche avant le panneau | Contournement obligatoire de l'obstacle : par la droite | Contournement obligatoire de l'obstacle : par la gauche | Direction obligatoire à la prochaine intersection : tout droit | Direction obligatoire à la prochaine intersection : à droite |

| Direction obligatoire à la prochaine intersection : à gauche | Directions obligatoires à la prochaine intersection : tout droit ou à droite | Directions obligatoires à la prochaine intersection : à gauche ou à droite | Sens giratoire obligatoire (ancien signal) | Piste ou bande obligatoires pour les cycles sans remorque | Chemin obligatoire pour piétons |

| Chemin obligatoire pour cavaliers | Vitesse minimale obligatoire | Chaînes à neige obligatoires sur au moins deux roues motrices | Voie réservée aux véhicules de transport en commun des services réguliers | Voie réservée aux tramways | Obligation dont la nature est mentionnée par une inscription sur le panneau |

■ Fin d'obligation

| Fin de piste ou de bande cyclable | Fin de chemin obligatoire pour les piétons | Fin de chemin obligatoire pour les cavaliers | Fin de vitesse minimale obligatoire | Fin d'obligation de l'usage des chaînes à neige | Fin de voie réservée aux véhicules des services réguliers de transport en commun |

INDICATIONS

■ Forme et but

□ = Information

Les panneaux d'indication sont carrés ou rectangulaires.
Ils apportent des informations concernant la présence d'installations, d'équipements, la configuration des lieux, etc.

■ Implantation

Signal de position

Les panneaux d'indication sont implantés en position ou à proximité de ce qu'ils signalent. Ils peuvent être complétés par un panonceau :
- **de distance** quand ils sont placés en signaux avancés ;
- **de catégorie** quand l'information ne concerne que certains usagers.

■ Types d'indications

Passage pour piétons et ralentisseur

Indication concernant la conduite des véhicules
Les panneaux concernant des indications utiles à la conduite des véhicules sont à fond bleu.

Ils peuvent indiquer :
- **la position d'un danger déjà signalé**
  - passage pour piétons ;
  - ralentisseur.
- **la proximité d'une installation**
  - parc de stationnement ;
  - arrêt de bus ou de taxis.
- **des informations utiles à la conduite**
  - circulation à sens unique ;
  - vitesse conseillée ;
  - priorité dans un passage étroit, etc.

Arrêt de bus

Indication concernant l'usage de la route

Les panneaux concernant des indications utiles à tous les usagers de la route sont à fond blanc.

Ils peuvent indiquer des équipements :
- **de secours :**
  - poste de secours ;
  - poste d'appel d'urgence.
- **de confort :**
  - toilettes ;
  - hôtels, restaurants ;
  - installations accessibles aux handicapés, etc.
- **touristiques :**
  - point d'informations ;
  - terrains de camping, etc.

Poste d'appel d'urgence

- Panneau d'indication = simple information :
  - ni interdiction ;
  - ni obligation.

■ Panneaux d'indication

Zone réservée au stationnement des véhicules

Parc de stationnement à durée limitée avec contrôle par disque

Parc de stationnement payant

Parc de stationnement réservé aux véhicules de transport en commun

Hôpital
Eviter le bruit

Signalisation par voie

Réduction du nombre de voies sur route à chaussées séparées

Ralentisseur (signal de position)

Voie de détresse

Indications diverses

Vitesse conseillée

Station de taxis

Arrêt d'autobus

Arrêt de tramway

Traversée de voies de tramways (signal de position)

Circulation à sens unique

Passage pour piétons (signal de position)

| Chemin sans issue | Présignalisation d'une route sans issue | Indication des voies affectées à chaque sens de circulation sur la chaussée suivie | Fin de section avec affectation des voies. Retour à la réglementation de droit commun | Indication des voies affectées à chaque sens de circulation sur la chaussée abordée | créneau de dépassement | Fin de créneau de dépassement |

Priorité par rapport à la circulation venant en sens inverse — Stationnement réglementé pour les caravanes — Route pour automobiles — Fin de route pour automobiles — Ticket de péage — Forêt facilement inflammable — Route ouverte. Chaînes ou pneus à neige recommandés

Route fermée. Section ouverte jusqu'au lieu indiqué — Poste de secours — Informations relatives aux services ou activités touristiques — Poste d'appel d'urgence — Cabine des postes et télécommunications — Point de gonflage des pneus — Train-autos couchettes

Navire transbordeur — Toilettes ouvertes au public — Point de départ d'excursions à pied — Terrain de camping pour tentes — Terrain de camping pour caravanes — Auberge de jeunesse — Emplacement pour pique-nique

Installations accessibles aux handicapés physiques — Installations diverses — Postes de distribution de carburant — Restaurant — Hôtel ou motel — Cafétéria

DIRECTIONS

■ Formes et but

Rectangle et flèche pour suivre un itinéraire

Les panneaux de direction aident le conducteur à suivre un itinéraire :
- ils annoncent les intersections ;
- ils indiquent les villes desservies ;
- ils précisent le type et le numéro des routes.

Les signaux sont rectangulaires ou en forme de flèche.

Selon leur objet, les signaux de direction sont placés avant, au niveau ou après une intersection.

Avertissement
Sur les voies rapides, ces signaux annoncent une sortie ou un échangeur assez longtemps à l'avance. La distance à laquelle se trouve l'intersection est indiquée en mètres.

Présignalisation
Ces panneaux indiquent :
- les villes desservies par chaque direction ;
- la distance à parcourir avant l'intersection (en mètres).

Lorsque les panneaux sont placés au-dessus de la chaussée, les flèches indiquent le nombre de voies pour chaque direction.

Signalisation avancée
Les panneaux ne comportent pas d'indication de distance. Ils sont placés à l'endroit où l'on commence la manœuvre pour aller dans la direction indiquée par la flèche.
Ils indiquent :
- le numéro de l'échangeur ou celui des routes annoncées ;
- les villes desservies.

Signalisation de position
Les panneaux en forme de flèche sont implantés au niveau de l'intersection. Les usagers qui tournent font leur manœuvre avant le panneau. Le signal indique les villes desservies. Il peut préciser :
- le numéro de la route ;
- la distance en km à laquelle se trouvent les villes.

■ Implantation

■ Types de directions

 ou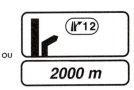

Avertissement

Présignalisation

Signalisation avancée

Signalisation de position

Confirmation

Signaux de confirmation
Placés après l'intersection, ils confirment :
- le numéro de la route où l'on se trouve ;
- les directions desservies ;
- éventuellement les distances en km auxquelles se trouvent les villes annoncées.

■ Couleurs

La couleur de fond des panneaux de direction correspond au type d'itinéraire et de destination :
- **bleu** pour les itinéraires empruntant l'autoroute (partiellement ou totalement) ;
- **vert** pour les itinéraires reliant entre elles des grandes villes ;
- **blanc** pour les directions locales ;
- **marron** pour les sites touristiques ;
- **jaune** pour les itinéraires de déviation temporaire.

Le conducteur peut donc repérer immédiatement la partie du panneau qui le concerne.
Par exemple, pour effectuer un long voyage, le conducteur ne se réfère d'abord qu'aux panneaux verts (ou bleus s'il emprunte l'autoroute) pour se diriger vers la grande ville la plus proche de sa destination, puis il suit les panneaux blancs en fin de parcours.

■ = AUTOROUTE

■ = GRANDES VILLES

□ = PROXIMITE

■ = SITES TOURISTIQUES

■ = TEMPORAIRE

- Distance indiquée en mètres = distance à laquelle se trouve l'intersection.
- Distance indiquée en km = distance à laquelle se trouve la ville.
- Bleu = itinéraire empruntant l'autoroute.
- Vert = itinéraire reliant des grandes villes

Idéogrammes, symboles

Les panneaux peuvent être complétés par des signes qui apportent des précisions sur les directions indiquées.

Les idéogrammes, carrés à fond blanc ou marron, apportent de simples informations :
- aéroport ;
- parc national, etc.

Les symboles d'indication, carrés bleus, désignent les catégories d'usagers pour qui l'itinéraire est recommandé.

Les symboles d'interdiction, cerclés de rouge, désignent les catégories d'usagers pour qui l'itinéraire est interdit.

Le symbole Bis indique et jalonne les itinéraires "bis" ou de délestage.

Direction interdite aux transports de marchandises

LOCALISATION

Les panneaux de localisation sont rectangulaires. Ils informent sur le lieu où l'on se trouve et permettent de se repérer sur une carte ou un plan.

Les panneaux de localisation sont placés à la limite des lieux qu'ils définissent.

Agglomération
Les panneaux d'entrée et de sortie sont à fond blanc. Ils fixent les limites entre lesquelles s'appliquent les règles de circulation propres à l'agglomération.

■ Forme et but

 = Se repérer

■ Implantation
SIGNAUX DE POSITION

■ Types de localisation

Entrée d'agglomération

Lieu-dit

Cours d'eau

Sortie d'agglomération
sur route nationale

Parc national
(ou naturel régional)

Localisation
de frontière (C.E.E.)

Autres lieux
Les panneaux localisant les autres lieux sont :
- lieux-dits, cours d'eau, etc. (fond noir) ;
- entrée et sortie d'aire de stationnement autoroutière (fond bleu) ;
- parcs nationaux ou régionaux (fond marron).

Limites de territoires
Les panneaux matérialisant des limites administratives (départements, régions, états) sont à fond bleu, lettres jaunes.

BORNES ET BALISES

Balises de virage (régions enneigées)

Virage

Intersection

Délinéateur

Balise d'obstacle

Les bornes kilométriques qui jalonnent encore certaines routes indiquent la distance de la prochaine localité, et dans leur partie supérieure, le type et le numéro de la route. Il existe aussi des bornes de limite de département de plus grande taille.

Les balises servent à guider les usagers en matérialisant la position de dangers particuliers. Elles sont de formes diverses selon leur fonction :
- balises de virage blanches avec ou sans capuchon rouge, balises d'intersection avec anneau rouge, manche à air, tête d'îlot, délinéateur.

- Ne pas confondre :
  - lieu-dit et agglomération ;
  - balise de tête d'îlot et obligation de tourner à droite ;
  - balise d'intersection et signal de priorité ;
  - manche à air et panneau de danger de vent latéral.

Les marquages au sol matérialisent avec précision les endroits où les différents usagers doivent circuler ou s'arrêter.

SIGNALISATION HORIZONTALE

LIGNES LONGITUDINALES

■ **Lignes de rive**

Route
Les lignes séparant l'accotement du bord droit de la chaussée sont constituées de tirets de 3 m espacés entre eux de 3,50 m. Il est permis de les franchir pour s'arrêter ou stationner sauf indication contraire. A proximité des intersections, elles peuvent être remplacées par des tirets de 20 m espacés entre eux de 6 m.
Dans les sens uniques, la ligne de rive à gauche est continue.

Franchissable pour stationner

Autoroute
Sur autoroute, ces lignes sont remplacées par des tirets de 38 m espacés entre eux de 14 m qui délimitent la bande d'arrêt d'urgence.
La voie la plus à gauche est limitée par une ligne continue le long du terre-plein central (confirmation qu'on circule en sens unique).

Bande d'arrêt d'urgence

LIGNES DISCONTINUES

■ Lignes séparant les voies

Voie réservée aux cycles

Voie d'accélération

Discontinue
- **Délimitation de voie**
  - **Voie de circulation générale :** tirets de 3 m espacés entre eux de 10 m. On peut franchir ces lignes pour effectuer un dépassement ou un changement de direction.
  - **Voies réservées :** ces voies sont séparées des autres par des lignes constituées de larges tirets de 3 m espacés entre eux de 1,33 m. On peut franchir ces lignes pour effectuer un changement de direction.
  Les voies de bus en contresens sont séparées par une ligne continue.
  - **Voies d'accélération/décélération :** larges tirets de 3 m espacés entre eux de 3,50 m.
  - **Voies de stockage :** larges tirets de 3 m espacés entre eux de 3,50 m. Ces voies peuvent comporter des flèches directionnelles.

- **Avertissement**

Les lignes d'avertissement annoncent une ligne continue.
Elles sont constituées de tirets de 3 m espacés entre eux de 1,33 m.
Il est possible de franchir ces lignes pour effectuer un changement de direction, mais pas pour commencer le dépassement d'un véhicule roulant à allure normale.
Les lignes d'avertissement peuvent être renforcées par des flèches de rabattement.

Annonce une ligne continue

• **Dissuasion**

Les lignes de dissuasion sont semblables aux lignes d'avertissement. Elles remplacent une ligne continue sur des routes sinueuses afin de permettre le dépassement d'un véhicule très lent : tracteur agricole par exemple.

Permet le dépassement d'un véhicule très lent

Continue

Une ligne continue ne peut être franchie, ni pour effectuer un changement de direction, ni pour dépasser.

Mixte

C'est une ligne composée d'une ligne continue et d'une discontinue accolée.
Le conducteur doit tenir compte de la ligne la plus proche de lui, l'autre concerne le sens de circulation inverse.

Infranchissable dans ce cas

■ **Flèches**

Rabattement   Direction

Rabattement

• Les flèches de rabattement sont incurvées. Elles sont placées sur une ligne d'avertissement ou sur une voie qui va être supprimée.

Direction

• Les flèches directionnelles sont droites ou brisées

- Ligne de rive : trait = 3 m, espace = 3,50 m.
- Bande d'arrêt d'urgence : trait = 38 m, espace = 14 m.
- Ne pas confondre les flèches :
   - de direction : droites ou brisées ;
   - de rabattement : incurvées, arrondies.

LIGNES TRANSVERSALES

■ Intersections

Ligne cédez le passage   Ligne de stop

Aux intersections, une ligne transversale complète un signal. Elle sert à indiquer l'endroit précis où l'usager doit s'arrêter s'il est tenu de le faire.

Ligne d'effet des feux

■ Traversées

Passage pour piétons

Les larges bandes du passage piétons sont visibles de loin. On s'arrête avant pour céder le passage aux piétons engagés. Il est interdit de s'y arrêter ou d'y stationner.

Bande cyclable

Des marquages blancs matérialisent la traversée de la chaussée par une bande cyclable.

DIVERS

On trouve aussi d'autres marquages :
- **des triangles** peints peuvent signaler les ralentisseurs ;
- **des inscriptions** peuvent figurer sur une voie :
  . bus, ou le dessin d'un vélo sur les voies qui leur sont réservées ;
  . stop à proximité d'un panneau "stop", etc.
- **des damiers blancs** peuvent matérialiser les voies de bus dans la traversée des intersections ;
- **des damiers blancs et rouges** annoncent une voie de détresse permettant, dans les longues descentes, d'arrêter les véhicules dont les freins sont défaillants ;
- **des hachures** sont peintes pour remplacer un terre-plein ; on ne peut ni y circuler, ni s'y arrêter.

Ralentisseur

Voie de bus   Voie de détresse

ARRET ET STATIONNEMENT

Des marquages de différentes couleurs précisent la réglementation relative au stationnement (voir chapitre Ville).

Une ligne jaune discontinue, sur la bordure du trottoir interdit le stationnement.
Une ligne jaune continue, interdit l'arrêt et le stationnement. Les arrêts de bus peuvent être matérialisés par une ligne "zigzag" jaune sur laquelle arrêt et stationnement sont interdits.

■ Marquages jaunes

Arrêt de bus

■ Marquages bleus

Un marquage bleu délimitant des emplacements (ou une zone) indique que la durée du stationnement y est limitée.

■ Marquages blancs

Places de parking

Un marquage blanc peut matérialiser les places de stationnement. Le conducteur sait ainsi s'il doit se garer en bataille, en épi, ou en créneau.
Quand le stationnement est payant, la mention "PAYANT" peut être peinte sur le sol.

● Ne pas confondre les pointillés d'une traversée de bande cyclable et ceux d'une ligne "cédez le passage".

SIGNALISATION TEMPORAIRE

La signalisation temporaire a pour but d'avertir, d'informer ou de prescrire provisoirement.
Elle prévaut sur la signalisation habituelle.

■ Panneaux

Danger temporaire

Danger
Les panneaux de danger temporaire reprennent les mêmes symboles que pour un danger permanent, mais sont à fond jaune. Deux panneaux n'existent que de manière temporaire : annonce de travaux et projection de gravillons.
Indication, direction
Les informations concernant les travaux et les itinéraires de déviation figurent sur des panneaux à fond jaune.

■ Marquages

Les lignes temporaires de rive ou de délimitation de voie sont de couleur jaune.
Même lorsque les marquages blancs ne sont pas effacés, on ne doit tenir compte que du marquage jaune.

Marquage temporaire

■ Feux

Feux tricolores
Des feux tricolores peuvent être implantés temporairement pour alterner la circulation pendant les travaux.

Feux jaunes
Des feux jaunes clignotants ou à éclat sont placés pour renforcer la signalisation des limites d'un chantier.

Feux temporaires

■ Dispositifs spéciaux

Divers dispositifs peuvent signaler un chantier ou un obstacle temporaire : piquets, balises, barrières rubans, etc. Ces dispositifs sont de couleurs blanche et rouge.
Les piquets mobiles sont utilisés pour alterner manuellement la circulation. Chaque piquet a une face verte, et l'autre représente un panneau de sens interdit. Quand le personnel chargé de la circulation présente la face verte, on passe.
L'autre face impose l'arrêt.

Circulation alternée

- Signaux temporaires + signaux permanents : suivre la signalisation temporaire.
- Ne pas confondre :
  - la balise à chevrons blancs et rouges (déviation ou rétrécissement temporaire) ;
  - la balise à chevrons blancs et bleus (virage ou rétrécissement permanent).

Panneaux de signalisation temporaire

Travaux — Chaussée rétrécie — Chaussée glissante — Projection de gravillons — Signaux lumineux réglant la circulation — Autres dangers

Panneaux d'indications diverses — Présignalisation de déviation — Présignalisation de déviation Accès interdits même aux riverains — Présignalisation de déviation catégorielle

Présignalisation de l'origine d'un itinéraire de déviation par adjonction d'un cartouche jaune — Présignalisation de changement de chaussée : circulation sur une voie — Affectation des voies : une voie dans un sens, deux voies en sens inverse — Direction de déviation catégorielle avec mention de la ville — Annonce de la réduction du nombre de voies laissées libres à la circulation sur routes à chaussées séparées

    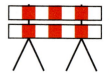

Confirmation de déviation — Signal de position d'une déviation ou d'un rétrécissement temporaire de chaussée — Signalisation de position des limites d'obstacles temporaires — Piquet mobile : autorisation de passer / accès interdit — Barrage. Signalisation de position d'un obstacle temporaire

Evaluation

■ Deux panneaux présentent le même symbole ont une signification identique, même si leurs formes sont différentes.

■ 1
Vrai .... ❑
Faux .... ❑

■ Hors agglomération, quelle distance sépare les panneaux de danger du risque qu'ils signalent ?

■ 2
....
....
....
....

■ Quelle est la forme et la couleur d'un panneau de fin d'obligation ?

■ 3
....
....
....
....

■ Il existe un panneau d'interdiction ayant pour définition : "cédez le passage à la circulation venant en sens inverse".

■ 4
Vrai .... ❑
Faux .... ❑

■ Sur des flèches de rabattement, il est permis :

■ 5
- de commencer un dépassement
  Oui .... ❑
  Non .... ❑
- de finir un dépassement
  Oui .... ❑
  Non .... ❑

Evaluation

■ Que signifie une ligne jaune continue peinte sur le bord du trottoir ?

■ 6
. . . .
. . . .
. . . .

■ Sur une même chaussée sont peintes des lignes blanches et des lignes jaunes. De quel marquage faut-il tenir compte ?

■ 7
. . . .
. . . .
. . . .

■ Les panneaux de direction en forme de flèche sont implantés plusieurs centaines de mètre avant l'intersection.

■ 8
Vrai . . . . ❏
Faux . . . . ❏

■ Quelle est la couleur des panneaux de direction pour :
- l'autoroute
- les grandes villes

■ 9
. . . .
. . . .
. . . .

■ Un marquage bleu indique que le stationnement est réservé aux handicapés.

■ 10
Vrai . . . . ❏
Faux . . . . ❏

CORRECTION

- Réponse 1 : *Faux*
- Réponse 2 : *150 mètres environ*
- Réponse 3 : *Cercle bleu barré de rouge.*
- Réponse 4 : *Vrai*
- Réponse 5 : *commencer un dépassement : non
finir un dépassement : oui*
- Réponse 6 : *Arrêt et stationnement interdits.*
- Réponse 7 : *Marquage jaune.*
- Réponse 8 : *Faux.*
- Réponse 9 : *Autoroute : bleu
Grandes villes : vert.*
- Réponse 10 : *Faux.*

INTERSECTIONS
4

INTERSECTIONS

Une intersection est l'endroit où se rejoignent des routes. Comme les trajectoires des usagers se croisent, un ordre de passage est déterminé.

Dans tous les cas, le franchissement d'une intersection exige une attention particulière.

Il existe aussi des lieux où la route croise d'autres moyens de transports.

APPROCHE

INDICES ET SIGNAUX

■ Indices

Certains indices permettent de savoir qu'on approche d'une intersection :
- interruption d'une rangée d'arbres ou d'un alignement d'immeubles ;
- usagers qui ralentissent ;
- véhicules qui arrivent transversalement.

Repérer les intersections de loin

■ Signaux

La signalisation permet aussi de repérer une intersection :
- panneaux de présignalisation de direction ;
- panneaux de priorité ;
- balises d'intersection ;
- feux tricolores ;
- marquages au sol (ligne "stop" par exemple).

Des indices de proximité

COMPORTEMENT

Se poser les bonnes questions

Observer et prévoir

A l'approche d'une intersection, de nombreuses questions se posent au conducteur :
- Quelle direction faut-il prendre ?
- D'autres usagers arrivent-ils à droite ou à gauche ?
- Y a-t-il un véhicule derrière ?
- Quelle est la règle de priorité à appliquer ?
- Les autres usagers vont-ils bien appliquer la règle ? etc.

Pour avoir le temps de se poser les bonnes questions et d'y répondre, il faut repérer l'intersection assez longtemps à l'avance, ralentir, observer l'ensemble et prévoir l'évolution de la situation.

- Repérer les intersections :
    - indices (interruption d'une rangée d'arbres ou de bâtiments) ;
    - panneaux de direction, de priorité, feux, marquages au sol.
- Ralentir et prévoir ce qu'on va faire.

Ces règles peuvent être imposées par une signalisation.
Céder le passage signifie ne s'engager que si c'est possible, sans obliger les autres usagers à modifier leur trajectoire ou leur allure.

LES RÈGLES DE PRIORITÉ

PANNEAUX

Stop

Le signal "stop" signifie :
- marquer un temps d'arrêt à la limite de la chaussée abordée ;
- céder le passage à tous les usagers venant de gauche et de droite.

Le signal de position est complété par une bande blanche transversale sur la chaussée au niveau où il faut marquer l'arrêt. Dans les rues en sens unique, cette bande occupe toute la largeur de la chaussée.

Pour ne pas surprendre les conducteurs, le "stop" est souvent annoncé par un signal avancé.

Arrêt obligatoire + céder le passage

Cédez le passage

*Le signal "Cédez le passage" impose de céder le passage à tous les véhicules venant de gauche et de droite.
Une ligne transversale pointillée complète le signal de position.*

L'arrêt n'est pas obligatoire

Annonce — Position

Pour ne pas surprendre les conducteurs, le "Cédez le passage" est souvent annoncé par un signal avancé.

Cas particuliers
• **Voie d'accélération**
Lorsque le panneau "Cédez le passage" est situé sur une voie d'accélération, le conducteur choisit le moment opportun, et accélère suffisamment pour s'insérer sur la chaussée prioritaire sans gêner les usagers qui y circulent.

Voie d'accélération

• **Carrefour giratoire**
Lorsque le panneau "Cédez le passage" est situé à l'entrée d'un carrefour giratoire, on n'a à céder le passage qu'à gauche en raison du sens de circulation sur l'anneau.

Rond point

Le signal "Cédez le passage" est alors précédé du panneau annonçant un carrefour giratoire.

■ Priorité à droite

Les usagers venant de gauche doivent céder le passage

En l'**absence de signalisation**, ou si le signal **"priorité à droite"** est implanté, le conducteur est tenu de **céder le passage à tous les usagers venant de sa droite.** En revanche, les usagers arrivant de sa gauche doivent lui céder le passage.

Lorsque les autres usagers sont tenus
de lui céder le passage,
le conducteur doit s'assurer que tous
vont appliquer la règle.
Priorité ponctuelle
Le conducteur qui rencontre le signal
"priorité ponctuelle" est prioritaire
seulement à la prochaine
intersection.

Caractère prioritaire
L'usager qui circule sur une route
à caractère prioritaire bénéficie
de la priorité de passage à toutes
les intersections.
Le panneau "Caractère prioritaire"
n'est pas répété avant chaque
intersection, il est souvent mis en
place après les intersections et au
moins tous les 5 km.

Quand la route perd son caractère
prioritaire un panneau l'annonce.

Le conducteur peut savoir s'il
bénéficie de la priorité quand il voit
sur les routes qu'il croise :
- les lignes transversales de "Stop"
  ou de "Cédez le passage" ;
- les panneaux "Stop" ou "Cédez
  le passage" reconnaissables
  même de dos.

■ Priorité de passage

Priorité (ponctuelle) à la prochaine intersection

Priorité à toutes les intersections

Fin de caractère prioritaire

La route transversale n'est pas prioritaire

PANONCEAUX - SCHEMA

Panonceaux-schémas représentant l'intersection qui va être abordée

La route prioritaire tourne à droite

Quand la configuration d'une intersection est ambiguë, les panneaux de priorité peuvent être accompagnés de panonceaux-schéma.

Sur ces panonceaux, la branche prioritaire est représentée par le trait épais.
La route sur laquelle on circule est symbolisée par le trait vertical du bas.

SIGNALISATION	COMPORTEMENT
	• S'ARRETER • CEDER LE PASSAGE A GAUCHE ET A DROITE
• CEDER LE PASSAGE A GAUCHE ET A DROITE	• RALENTIR
• CEDER LE PASSAGE A GAUCHE	
PRIORITE A DROITE ou pas de panneau	• RALENTIR • CEDER LE PASSAGE A DROITE
PRIORITE DE PASSAGE 	• CONTROLER • RALENTIR AU BESOIN

FEUX TRICOLORES

Les feux tricolores servent à alterner les flux de circulation aux intersections. On peut aussi les trouver dans un passage étroit.

Chaque groupe est composé de trois feux qui s'allument successivement dans l'ordre :
VERT ➡ JAUNE ➡ ROUGE ➡ VERT...

■ Feu vert

Feu vert :
Autorisation de passer en s'assurant que l'intersection est libre. Quand la circulation est bloquée dans le carrefour, il est interdit de s'engager si l'on n'est pas sûr de pouvoir dégager l'intersection avant le passage au rouge.

Autorisation de passer

■ Feu jaune

Feu jaune :
Obligation de s'arrêter. Cependant, le franchissement de ce feu est toléré si l'arrêt ne peut plus être effectué en sécurité, en fonction notamment des distances de freinage et de la présence d'autres usagers suivant de près.

Obligation de s'arrêter sauf...

■ Feu rouge

Feu rouge :
Interdiction de passer. On doit s'arrêter avant l'aplomb du feu et avant le marquage au sol éventuel :
- passage pour piétons ;
- ligne d'effet du feu.

Interdiction de passer

■ Implantation des feux

Pour tourner à gauche : attendre le feu vert

■ Feux en forme de flèches

Tenir compte du feu correspondant à sa voie

Les feux tricolores sont implantés soit sur le côté, soit au-dessus de la chaussée.
Lorsque plusieurs groupes de feux donnent des indications différentes, la chaussée est séparée en voies comportant des flèches directionnelles. On doit alors tenir compte du groupe de feux le plus proche de la voie où l'on circule.

Chaque groupe de feux en forme de flèche correspond à une voie comportant des flèches directionnelles identiques.
On tient compte du groupe de feux correspondant à la voie sur laquelle on circule.

■ Feux spéciaux

Les cycles peuvent passer

Certains feux ne s'adressent qu'à certaines catégories d'usagers : cycles, bus.
Le feu est alors en forme de silhouette de vélo ou fait apparaître le mot "BUS". Seuls les usagers indiqués doivent respecter ces feux.

Flèche jaune supplémentaire

Lorsqu'une flèche jaune clignote vers la droite alors que le feu rouge est allumé, il est permis de franchir le feu pour tourner à droite :
- à allure réduite ;
- en cédant le passage aux piétons ;
- en cédant le passage à gauche.

Quand la flèche jaune est dirigée vers le haut, on peut franchir le feu pour aller tout droit uniquement.

Autorisation de passer en cédant le passage

Feu jaune clignotant

Feu jaune clignotant
• Au milieu
Lorsque le feu jaune du milieu clignote, il en est de même sur toutes les routes de l'intersection.
Le signal ne sert qu'à renforcer la notion de danger.
• A la place du vert
Quand le feu vert est remplacé par un jaune clignotant, on peut passer en cédant le passage, aux usagers qui pourraient arriver de la droite.

Passer avec prudence

Feu éteint

Quand les feux sont éteints, en l'absence de signalisation, on cède le passage à droite.
Attention, s'assurer en regardant le petit feu du bas que ce n'est pas seulement l'ampoule du rouge qui est grillée.

Le feu est-il vraiment éteint ?

Feux + panneaux de priorité

Les panneaux de priorité qui sont fixés sur le même support que les feux ne servent que si les feux sont éteints ou au jaune clignotant.
Si les feux ne fonctionnent pas, ce sont les panneaux qui définissent l'ordre de passage.

Feu jaune clignotant : tenir compte du panneau

Tenir compte du feu   Tenir compte du panneau

Onde verte

Les feux tricolores qui se succèdent sur une avenue sont parfois coordonnés. En roulant à la vitesse conseillée, le conducteur franchit alors tous ces feux sans avoir à s'arrêter.
C'est ce qu'on appelle l'onde verte.

En roulant à 30 km/h les feux seront au vert

- Feu vert = passer si l'intersection est libre.
- Feu jaune = s'arrêter.
- Feu rouge = s'arrêter et attendre.
- Feu jaune clignotant ou éteint :
    - respecter les panneaux ;
    - pas de panneau : céder le passage à droite.

SIGNES DES AGENTS

Les agents règlent parfois la circulation, notamment aux intersections.

Agent vu de profil
=
AUTORISATION DE PASSER.

Agent vu de face ou de dos
=
ARRET OBLIGATOIRE.

Agent de face, un bras levé
=
S'ARRETER.

Geste circulaire de l'avant bras
=
CIRCULER, ACCÉLÉRER.

Geste de haut en bas de l'avant bras
=
RALENTIR.

Les ordres des agents doivent toujours être suivis, même s'ils s'opposent à la signalisation en place.

■ Signes conventionnels

S'arrêter

Passer

Ralentir

VEHICULES PRIORITAIRES

Quelle que soit la signalisation en place, panneaux ou feux, le conducteur doit céder le passage aux véhicules prioritaires qui utilisent leurs avertisseurs spéciaux sonores ou lumineux :
- Police ;
- Gendarmerie ;
- Pompiers ;
- Douanes ;
- SAMU - SMUR.

Par ailleurs, il convient de faciliter le passage aux véhicules d'intervention urgente qui utilisent leurs avertisseurs spéciaux (feu bleu clignotant).

Véhicule prioritaire en intervention

- Agent de face ou de dos = s'arrêter.
- Agent de profil = passer.
- Les signes des agents prévalent sur les feux et les panneaux.
- Véhicules prioritaires et d'intervention urgente : faciliter ou céder le passage.

AUTRES TYPES DE TRANSPORTS

La route coupe parfois des voies utilisées par d'autres types de transports. Il convient alors de tenir compte de la signalisation spéciale mise en place.
On trouve une signalisation avancée, puis une signalisation de position.

■ Voies ferrées
- Sans barrière

Passages à niveau sans barrière
- Avec obligation de marquer l'arrêt avant de traverser les voies : le signal de position est complété d'un panneau "STOP".
- Avec obligation de s'arrêter si le feu rouge clignote : le signal de position est complété d'un feu rouge clignotant et d'une sonnerie qui fonctionnent quand un train est annoncé.

- Avec barrières

Manuelles

Automatiques

Passages à niveau avec barrières
Quand un train est annoncé, un employé abaisse les barrières qui constituent le signal de position. Elles sont équipées de dispositifs réfléchissants et souvent d'un feu rouge.

Passages à niveau avec demi-barrières
Le signal avancé comporte un panonceau "Signal automatique". Les demi-barrières automatiques placées en position sont complétées d'un feu rouge clignotant et d'une sonnerie qui fonctionnent quand un train est annoncé.
Attention, ne jamais s'engager sur une voie ferrée si l'on n'est pas sûr de pouvoir la franchir aussitôt (bouchon par exemple).

Feu rouge clignotant : arrêt

Passage sans barrière
Le signal de position est complété de deux feux rouges clignotant alternativement qui fonctionnent quand un avion est annoncé, et d'un panonceau représentant un avion.

Passage avec demi-barrières
Le signal avancé comporte un panonceau représentant un avion. Le signal de position est constitué de demi-barrières automatiques complétées d'un feu rouge clignotant et d'une sonnerie.

Le pont mobile est annoncé par un panneau de danger.
Le signal de position est constitué de barrières (souvent accompagnées de feux rouges) qui sont abaissées pour interrompre la circulation.

■ Trafic aérien

Arrêt obligatoire

Mieux vaut laisser passer les avions

■ Voies navigables

Pont mobile

- Le signal avancé annonce la signalisation de position.
- Ne pas s'engager sur un passage à niveau sans être sûr de pouvoir le dégager.

Evaluation

■ Citez un indice et deux signaux qui permettent de repérer la présence d'une intersection.

■ 1
. . . .
. . . .
. . . .
. . . .

■ En présence d'un stop, on doit :

■ 2
- marquer l'arrêt au niveau du panneau . . . . ❏
- marquer l'arrêt au niveau de la ligne . . . . ❏
- céder le passage à gauche . . ❏
- céder le passage à droite . . . ❏

■ A une intersection sans signalisation, on cède le passage :

■ 3
- à gauche seulement . . . . ❏
- à droite seulement . . . . ❏
- à gauche et à droite . . . . ❏
- à personne . . . . ❏

■ Le panneau indiquant le caractère prioritaire est toujours implanté avant chaque intersection.

■ 4
Vrai . . . . ❏
Faux . . . . ❏

■ A une intersection, le feu jaune clignotant remplace le vert. Quel comportement tenir ?

■ 5
. . . .
. . . .
. . . .
. . . .

■ A une intersection, les feux tricolores sont accompagnés de panneaux de priorité. Dans quel(s) cas faut-il tenir compte des panneaux ?

■ 6
. . . .
. . . .
. . . .

■ A un passage à niveau sans barrière, un feu rouge clignote. Qu'est ce que cela signifie ?

■ 7
- le feu va passer au rouge fixe ❑
- un train est annoncé . . . . ❑
- on passe avec prudence . . . . ❑
- on doit s'arrêter . . . . ❑

CORRECTION

■ Réponse 1 :
- Interruption d'une rangée d'arbres ou d'immeubles
- Véhicules qui arrivent transversalement
- Panneaux de direction
- Marquages au sol
- Balises d'intersection, etc.

■ Réponse 2 :
- marquer l'arrêt au niveau de la ligne
- céder le passage à gauche
- céder le passage à droite

■ Réponse 3 : - à droite seulement

■ Réponse 4 : Faux

■ Réponse 5 : Ralentir et céder le passage à droite

■ Réponse 6 : Quand les feux sont éteints ou jaune clignotant.

■ Réponse 7 :
- un train est annoncé
- on doit s'arrêter

VITESSE 5

VITESSE

L'automobile permet de se déplacer rapidement.

Mais si la vitesse offre des avantages indéniables, elle présente aussi des risques qu'il vaut mieux connaître.

CONNAISSANCE DE LA VITESSE

DEFINITION

La vitesse est la distance parcourue en un temps donné.
On l'exprime habituellement en kilomètres à l'heure, mais on imagine mieux la rapidité de déplacement quand on parle de mètres par seconde.

On calcule approximativement la distance parcourue pendant une seconde en multipliant le chiffre des dizaines de la vitesse par 3.
Par exemple, à 50 km/h :
5 x 3 = 15 mètres.

km/h	m/s
50	14
70	20
90	25
110	31
130	36

Rouler à 90 km/h c'est la même chose que faire 25 m par seconde

EVALUATION

Le conducteur évalue sa vitesse en fonction du défilement du paysage et du bruit du moteur.
Mais ces évaluations sont faussées par la largeur de la route, l'accoutumance à l'allure, etc.
C'est pourquoi il est indispensable de consulter fréquemment l'indicateur de vitesse, par exemple quand, après avoir roulé un certain temps à vitesse soutenue, on entre dans une agglomération.

Consulter l'indicateur de vitesse

FREINAGE

Le freinage dépend de l'adhérence et de la masse de la voiture. Mais surtout, plus le véhicule est lancé à une vitesse élevée, plus il est difficile de l'arrêter.

DISTANCE DE FREINAGE

Distance réelle

On appelle "distance de freinage" la distance minimale parcourue entre le moment où le conducteur commence à freiner et celui où la voiture s'arrête.

90 km/h

DISTANCE DE FREINAGE = 39 m

ADHERENCE

C'est la qualité du contact entre la chaussée et les pneus.

■ Chaussée et pneus

L'adhérence maximale s'obtient sur une chaussée plane et sèche, avec des pneus en bon état.
Elle varie selon le type de revêtement. Elle diminue sensiblement lorsque la route est recouverte de sable, boue, feuilles, gravillons, et bien sûr quand il pleut, qu'il neige ou qu'il y a du verglas.

Sur route mouillée, on estime qu'il faut doubler la distance de freinage:
- à 90 km/h, sur route sèche, 39 mètres de freinage ;
- à 90 km/h, sur route mouillée, on ajoute 39 m, c'est-à-dire : 39 + 39 = 78 m.

Chaussée mouillée
=
adhérence divisée par 2
=
freinage multiplié par 2

Pneu en bon état et à la bonne pression

POIDS DU VEHICULE

Plus le véhicule est lourd, plus la distance de freinage augmente.
Il faut donc en tenir compte quand on transporte des passagers et des bagages, et quand on tire une remorque.

Le poids augmente les distances de freinage

VITESSE

Mais c'est la vitesse qui a le plus d'influence sur la distance de freinage car cette distance varie avec le carré de la vitesse :
- quand la vitesse double, la distance de freinage est multipliée par 4 ;
- quand la vitesse triple, la distance de freinage est multipliée par 9, etc.

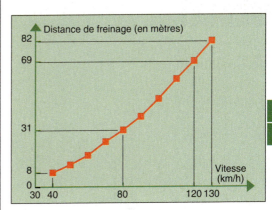

Relation vitesse - freinage

- Ne pas se fier à son impression : consulter l'indicateur de vitesse.
- La distance de freinage dépend de l'adhérence, du poids et surtout du carré de la vitesse.

DISTANCES DE SECURITE

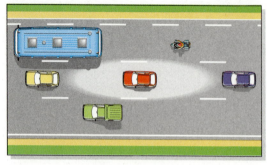

Espaces = sécurité

On appelle **"distance de sécurité"** **la distance minimale à conserver pour suivre un véhicule en sécurité.**

TEMPS DE REACTION

■ Temps minimum

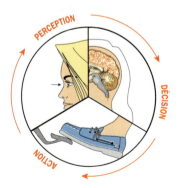

Réaction = 1 seconde avant d'agir

Face à un événement imprévu, le conducteur réagit toujours avec un léger temps de décalage :
- l'œil reçoit l'information ;
- l'information est transmise au cerveau ;
- le cerveau analyse l'information et donne l'ordre d'agir ;
- cet ordre est transmis aux muscles.

Le laps de temps qui s'écoule entre la perception de l'information et l'action musculaire s'appelle le temps de réaction.
Sa durée moyenne est estimée à 1 seconde.

Comme il réagit avec une seconde de retard, le conducteur doit maintenir au moins une seconde d'écart entre son véhicule et celui qu'il suit.

Si le véhicule de devant freine, on voit s'allumer les feux "stop". On continue d'avancer à la même vitesse pendant 1 seconde avant d'appuyer sur la pédale de frein. Si l'intervalle est inférieur à la distance parcourue en 1 seconde, on percute la voiture de devant avant d'avoir commencé à freiner. Dans le cas le plus favorable, un intervalle d'une seconde pourrait suffire à éviter la collision. Mais c'est oublier qu'en matière de freinage :
- le temps de réaction est souvent supérieur à 1 s,
- les compétences des conducteurs ne sont pas identiques,
- les performances varient d'un type de véhicule à l'autre et d'un véhicule à l'autre en fonction du degré d'usure et d'entretien,
- la vitesse du véhicule suiveur peut être supérieure à celle du véhicule suivi (ou rattrapé),
- l'intensité du freinage du véhicule qui précède est difficile à estimer au premier coup d'œil,
- le véhicule suivi peut rencontrer un obstacle que son conducteur n'a pas prévu : circulation en file, collision en chaîne...
Ses feux "stop" peuvent ne pas fonctionner.

Pour garder une marge de sécurité on laisse 2 secondes.
Il faut donc doubler la distance parcourue en 1 seconde.
Par exemple à 50 km/h :
5 x 3 = 15 ; 15 x 2 = 30 mètres

L'intervalle minimum augmente avec la vitesse

Vitesse	Distance parcourue en 1 seconde	Marge de sécurité	Distance à maintenir
50 km/h	15 m	15 m	30 m
60 km/h	18 m	18 m	36 m
70 km/h	21 m	21 m	42 m
80 km/h	24 m	24 m	48 m
90 km/h	27 m	27 m	54 m

2 SECONDES
POUR REAGIR EN SECURITE

Distraction = réaction retardée

1 se-conde

2 se-condes

Une méthode simple

Cet intervalle doit être augmenté quand :
- *notre vigilance est diminuée (fatigue, soucis, médicaments…),*
- *on est suivi trop près par un autre véhicule,*
- *les conditions d'adhérence ou de visibilité sont mauvaises,*
- *le conducteur du véhicule qui suit ou/et du véhicule qui précède ne respecte pas un espace suffisant.*
- *le véhicule qui précède masque la visibilité vers l'avant.*

Il n'est pas facile d'apprécier une distance en roulant, mais un moyen simple permet de savoir si on laisse bien 2 secondes d'écart derrière la voiture qu'on suit :
- *prendre un repère sur le bord de la route : un arbre ou un panneau ;*
- *à l'instant où la voiture qu'on suit passe devant ce repère, commencer à dire :*
"une seconde, deux secondes" ;
- *on doit avoir terminé de prononcer cette formule avant de passer à son tour devant le repère, sinon l'intervalle est insuffisant.*

- Temps de réaction : environ 1 seconde.
- Distance approximative parcourue en 1 seconde : chiffre des dizaines de la vitesse multiplié par 3.
- Distance de sécurité : distance parcourue en 2 secondes.

DISTANCES D'ARRET

On appelle "distance d'arrêt" la distance totale parcourue entre le moment où le conducteur voit l'obstacle et celui où sa voiture s'arrête.

Calcul réel

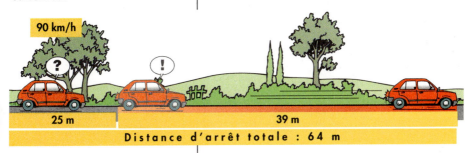

La distance d'arrêt est donc la somme de la distance parcourue pendant le temps de réaction et de la distance de freinage. On calcule approximativement cette distance en multipliant le chiffre des dizaines de la vitesse par lui même :
à 90 km/h : 9 x 9 = 81 m

■ Calculs rapides et approximatifs

Vitesse	Distance d'arrêt
50 km/h	25 m
60 km/h	36 m
70 km/h	49 m
80 km/h	64 m
90 km/h	81 m

Calcul appproximatif de la distance d'arrêt

- Distance d'arrêt = distance parcourue pendant le temps de réaction + distance de freinage.
- Calcul approximatif : chiffre des dizaines de la vitesse multiplié par lui-même.

LA VITESSE ET SES CONSÉQUENCES

ENERGIE CINETIQUE

■ Notion

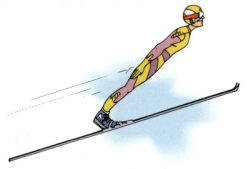

Energie cinétique = élan

Quand un véhicule roule, il a un certain "élan". Cet élan ou énergie continue de faire avancer la voiture même quand on n'accélère plus. On l'appelle l'énergie cinétique.

■ Importance - Effets

Quand la vitesse double, l'énergie est multipliée par quatre

L'importance de cette énergie dépend du poids du véhicule et surtout de sa vitesse.
Quand la vitesse double, l'énergie cinétique est multipliée par 4.
Elle augmente comme le carré de la vitesse.

L'énergie cinétique a différentes conséquences :
- elle rend le freinage plus long ;
- elle rend plus difficile le changement de trajectoire ;
- elle provoque de graves dégâts en cas de choc.

FORCE CENTRIFUGE

L'élan de la voiture tend à la faire continuer tout droit. Dans un virage, la force qui pousse le véhicule vers l'extérieur de la courbe s'appelle la **force centrifuge**. Si l'adhérence est suffisante, le véhicule tourne. Si la force centrifuge est plus forte que l'adhérence, la voiture quitte la route.
Pour réduire la force centrifuge, il suffit de réduire la vitesse.

L'adhérence s'oppose à la force centrifuge

VIOLENCE DE CHOC

Un choc est un ralentissement ou un arrêt brutal du véhicule.
L'énergie cinétique se libère en une fraction de seconde en provoquant d'importants dégâts.
Comme cette énergie dépend du carré de la vitesse, quand on augmente un peu la vitesse, on augmente beaucoup les conséquences en cas de choc.

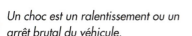

■ Protection des passagers

Lors d'un freinage, une force pousse les occupants de la voiture vers l'avant. **En cas de choc à plus de 20 km/h, cette force est telle qu'il n'est pas possible de lui résister.** Les passagers doivent donc être retenus pour éviter d'être projetés contre le volant, le pare-brise ou d'être éjectés.
C'est le rôle de la **ceinture de sécurité**. Son action est parfois complétée par celle d'un **sac gonflable (air-bag)**.

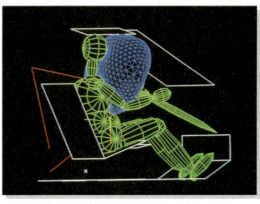

Un choc à 50 km/h c'est 10 tonnes de poussée

■ **Dispositifs de sécurité**

Ceintures obligatoires pour tous

■ **Autres dispositifs**

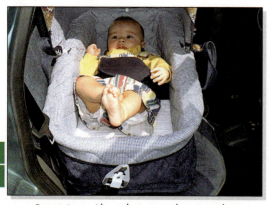

Pour éviter qu'ils ne deviennent des projectiles

Catégorie	Tranche d'âge	Poids de l'enfant
A	0 à 9 mois	moins de 9 kg
Pas de porte-bébé à l'avant si la voiture est équipée d'AIR-BAG passager.		
B	9 mois à 3 ou 4 ans	de 9 à 18 kg
C et D	3 ou 4 ans à 10 ans	plus de 15 kg

Etre retenu en cas de collision divise par trois le risque d'être tué. De plus, on a toutes les chances de rester conscient, ce qui permet :
- de quitter rapidement le véhicule en cas de besoin ; (incendie, chute du véhicule dans l'eau, etc.) ;
- de porter secours aux autres.

Dans les voitures de tourisme et les camionnettes, les personnes occupant des places équipées de ceintures de sécurité, à l'avant comme à l'arrière, doivent être attachées en toutes circonstances.

Chaque année, environ 200 enfants passagers de voiture sont tués dans les accidents. Pour réduire ce chiffre, les enfants de moins de 10 ans doivent être placés à l'arrière et protégés par des systèmes de retenue adaptés à leur morphologie.

Les dispositifs doivent obligatoirement être homologués. Il existe 3 types de systèmes de retenue en fonction du poids et de l'âge des enfants.

Catégorie A
- Lit nacelle avec filet évitant la projection ou lit avec bandeau de maintien.
- Porte-bébé installé dans le sens contraire de la marche. Par exception à la règle générale, ce dispositif peut être placé à l'avant du véhicule.

Ces dispositifs sont attachés par des sangles fixées aux points d'ancrage des ceintures ou grâce aux ceintures elles-mêmes.

Catégorie B
Siège baquet équipé de harnais ou d'un réceptacle.

Catégories C et D
- *Réhausseur permettant l'usage de ceinture pour adulte ;*
- *Ceinture ou harnais spécial adapté à la taille de l'enfant.*

Un enfant de moins de 10 ans dont la morphologie est adaptée aux ceintures destinées aux adultes, peut les utiliser à l'arrière.

A chaque âge un dispositif homologué

- La vitesse :
  - allonge les distances de freinage et d'arrêt ;
  - augmente la force centrifuge ;
  - alourdit les conséquences en cas de choc.
- Pour protéger les passagers :
  - tous les passagers attachés avec un dispositif homologué et adapté ;
  - les enfants de moins de 10 ans à l'arrière.

LIMITATIONS

VITESSES MAXIMALES

La vitesse des véhicules est limitée sur l'ensemble du réseau.
Les limites tiennent compte :
- du lieu (ville, route, autoroute) ;
- des conditions météorologiques.
Ces limites fixent le seuil supérieur à ne pas franchir. Elles permettent une harmonisation des vitesses ce qui limite le nombre des dépassements.

Pendant les deux premières années de permis de conduire, le nouveau conducteur ne doit pas dépasser :
- *110 km/h sur autoroutes,*
- *100 km/h sur chaussées séparées,*
- *80 km/h sur routes.*

	Autoroute	Route à chaussées séparées	Autres routes	Ville
Temps sec et clair	130	110	90	50
	(A)110	(A)100	(A)80	(A)50
Pluie	110	100	80	50
	(A)110	(A)100	(A)80	(A)50
Visibilité - de 50 m	50	50	50	50
	(A)50	(A)50	(A)50	(A)50

Jeunes conducteurs

ADAPTATIONS AUX CIRCONSTANCES

Il n'est pas toujours possible de rouler aux vitesses maximales prévues par la réglementation générale.

■ Limitations ponctuelles

Limitation par panneaux

Dans certains cas, une signalisation particulière impose une réduction de la vitesse maximale autorisée :
- ralentisseurs ;
- virages ;
- travaux ;
- zone piétonne, etc.

Des panneaux de limitation de vitesse sont implantés.

■ Adaptation par le conducteur

Rester maître de son véhicule

En fonction des circonstances de la circulation, c'est au conducteur d'adapter sa vitesse. Lui seul peut juger en permanence de la situation et tenir compte notamment :
- de l'importance du trafic ;
- de certains risques prévisibles ;
- de l'adhérence ;
- de la visibilité ;
- de sa propre vigilance, etc.

C'est au conducteur d'ajuster son allure dans les limites de vitesse autorisées de façon à rester maître de son véhicule.

- Adapter la vitesse en fonction :
  - de la réglementation générale selon les lieux et le temps ;
  - des limitations par panneaux ;
  - de la situation (jugement du conducteur).
- Moins de 2 ans de permis : vitesses limitées.

VITESSES MINIMALES

Une vitesse anormalement réduite peut surprendre les autres usagers et constituer un risque.

Hors agglomération, dans les fortes montées, on trouve parfois une voie supplémentaire pour les véhicules lents (moins de 60 km/h).
Des panneaux peuvent imposer une vitesse minimale obligatoire, notamment pour réguler le flux de la circulation dans les longs passages souterrains.

L'accès des autoroutes est interdit aux véhicules qui ne peuvent pas atteindre 40 km/h.
Quand le temps est clair et le trafic fluide, pour emprunter la voie la plus à gauche d'une autoroute il faut rouler au moins à 80 km/h.

Lorsqu'un conducteur est amené à circuler à allure anormalement réduite (problèmes mécaniques par exemple), il doit signaler son véhicule à l'aide des feux de détresse.

■ Cas général

Vitesse mini 40 km/h

■ Autoroute

Voie de gauche : 80 km/h minimum

■ Cas particulier

Ne pas gêner, ne pas surprendre

- Ne pas gêner en roulant lentement sans raison.
- Ne pas rouler en-dessous de la vitesse minimum obligatoire.
- Voie réservée aux véhicules lents : en dessous de 60 km/h.
- En cas d'allure anormalement réduite : signal de détresse.

EVALUATION

■ La distance parcourue par le véhicule entre le début du freinage et l'arrêt de la voiture s'appelle la distance :

■ 1
- de sécurité............ ☐
- de freinage............ ☐
- d'arrêt .... ☐

■ Un conducteur freine sur une distance de 54 m à 90 km/h sur route sèche. Quelle sera sa distance de freinage sur cette même route mouillée ?

■ 2
....
....
....

■ A combien estime-t-on la durée moyenne du temps de réaction d'un conducteur.

■ 3
....
....
....

■ A 60 km/h, quelle est approximativement la distance parcourue pendant le temps de réaction ?

■ 4
....
....
....

■ Quelle est la distance de sécurité à maintenir en suivant un autre usager à 90 km/h ?

■ 5
....
....
....

■ Quelle est, approximativement, la distance d'arrêt total d'une voiture à 50 km/h ?

■ 6
....
....
....
....

■ En cas d'accident, la violence du choc :

■ 7
- est proportionnelle à la vitesse .... ❏
- augmente plus vite que la vitesse .... ❏
- augmente moins vite que la vitesse .... ❏

CORRECTION

■ Réponse 1 : - la distance de freinage.

■ Réponse 2 : 108 mètres

■ Réponse 3 : Environ à 1 seconde

■ Réponse 4 : 3 x 6 = 18 mètres

■ Réponse 5 : Environ 50 mètres

■ Réponse 6 : Environ 25 mètres.

■ Réponse 7 : - augmente plus vite que la vitesse

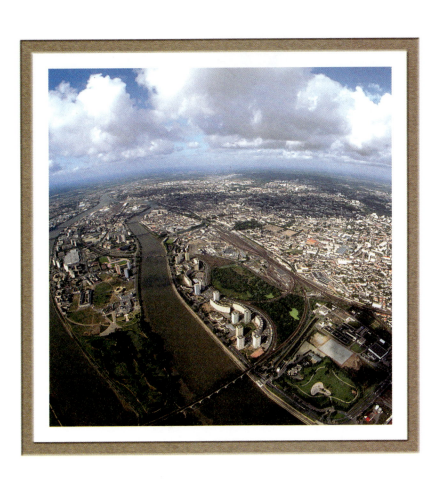

VILLE 6

VILLE

Les risques en agglomération sont surtout liés à la densité de circulation et à la multiplicité des usagers. Il existe des règles particulières pour circuler et stationner en ville.

Les règles particulières à la conduite en ville s'appliquent à partir du panneau d'entrée d'agglomération jusqu'au panneau de sortie.

ENTRÉE DANS L'AGGLOMÉRATION

VITESSE

Ces règles ne s'appliquent pas dans les lieux-dits. En l'absence de signalisation supplémentaire, **la vitesse en agglomération est limitée à 50 km/h maximum.**

Règle générale : 50 km/h.

La vitesse peut être relevée à 70 km/h (rocade, rue sans habitation).
Dans ce cas, un signal est placé après le panneau d'entrée d'agglomération.
La vitesse est limitée à 70 km/h dans cette rue seulement.

70 km/h dans cette rue

Si un signal limitant la vitesse à **moins de 50 km/h est implanté sur le panneau d'entrée d'agglomération**, cette limitation s'applique dans **toutes les rues de la ville.**

35 km/h dans toutes les rues

30 km/h dans toutes les rues de la zone

La vitesse peut être abaissée dans les zones à risques (centre ville, écoles). Des panneaux signalent alors l'entrée et la sortie de la zone limitée à 30 km/h.

Sortie de zone

KLAXON

Sauf danger immédiat

L'usage de l'avertisseur sonore (klaxon) est interdit de jour comme de nuit. Mais il est autorisé s'il permet d'éviter un accident (cas de danger immédiat).

PRIORITÉS

Cette rue reste prioritaire

Une route peut garder son caractère prioritaire dans la traversée d'une agglomération. On aura la priorité tant qu'on restera sur cette route.

- Panneau d'entrée d'agglomération seul = interdiction de klaxonner sauf danger immédiat et vitesse maxi 50 km/h.
- Panneau d'entrée d'agglomération suivi d'un panneau 70 = vitesse limitée à 70 km/h dans cette rue et 50 km/h dans les autres rues.
- Panneau zone 30 = vitesse limitée à 30 km/h jusqu'au panneau de sortie de zone.

AUTRES USAGERS

PIÉTONS

Entrent dans la catégorie des piétons :
- les personnes avec poussette, landau ;
- les personnes qui marchent en guidant à la main un vélo ou un cyclomoteur ;
- les handicapés qui se déplacent dans un fauteuil roulant.

■ Obligation des piétons

Pour leur sécurité, les piétons doivent emprunter les trottoirs.

Pour traverser, ils sont tenus d'utiliser les passages aménagés, s'il en existe à moins de 50 m :
- passage pour piétons ;
- passerelle ;
- passage souterrain.

Traverser aux endroits aménagés

■ Obligation des conducteurs

Les piétons ne sont pas protégés par une carrosserie. De plus, ils peuvent changer soudainement de direction. C'est pourquoi il est nécessaire de laisser autour de chaque piéton une zone de sécurité suffisante.
Quand on dépasse ou quand on croise un piéton, il faut laisser un espace d'au moins un mètre en ville.

Zone de sécurité 1 m minimum

■ Passages piétons

Signalisation de position

Les passages pour piétons peuvent être annoncés par une signalisation :
- avant le passage ;
- au niveau du passage.

En s'approchant, le conducteur regarde à chaque extrémité du passage pour voir si aucun piéton ne va s'engager.
Interdiction de dépasser si un piéton est sur le point de s'engager.

■ Zones piétonnes

Interdiction d'accès

Lorsqu'un espace est réservé aux piétons (trottoir, chemin pour piétons, rue piétonne), la circulation des véhicules y est interdite sauf exception.
L'accès peut être autorisé à certaines heures, pour les livraisons par exemple.
Les cycles peuvent y circuler à allure réduite.

■ Enfants

Les enfants n'ont pas la même vision que les adultes

Endroit fréquenté par les enfants

Chaque année plus de 1 700 piétons de moins de 14 ans sont gravement blessés ou tués :
- ils ne voient pas la circulation à cause de leur petite taille ;
- ils apprécient mal les vitesses et les distances ;
- quand leur attention est prise par le jeu, ils oublient le monde extérieur.

Le conducteur doit repérer les enfants, prévoir ce qu'ils risquent de faire et adapter sa conduite en conséquence : ralentir, s'écarter, avertir, etc.
Des panneaux peuvent signaler des endroits fréquentés par les enfants (écoles, terrains de sport ou aires de jeu).

Handicapés et personnes âgées

Certaines personnes ont un handicap qui leur rend plus difficile le déplacement :
- problèmes pour voir ou entendre les véhicules ;
- difficultés à se déplacer, etc.

A cela s'ajoute parfois, notamment chez les personnes âgées, la méconnaissance des règles de circulation.
Il appartient au conducteur d'en tenir compte.

Pensez aux difficultés des autres

- Les piétons sont tenus d'emprunter les passages piétons situés à moins de 50 m.
- Au moins 1 m d'intervalle en dépassant ou en croisant un piéton en ville.
- Piéton engagé sur passage piéton : lui céder le passage.
- Enfants, personnes âgées, handicapés : vigilance accrue.

DEUX ROUES

Les deux-roues sont par nature instables et "fragiles". Il faut donc laisser une marge de sécurité quand on s'en approche. Lors des croisements et dépassements, un intervalle d'**au moins 1 mètre** est obligatoire en ville.

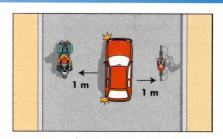

Zone de sécurité : 1 m minimum

Vélos et cyclomoteurs

Les vélos et les cycles sont souvent utilisés par des enfants, des adolescents, parfois par des personnes âgées.
Ces utilisateurs connaissent mal les règles du Code de la Route, et il faut s'attendre de leur part à des comportements inconscients ou dangereux comme :
- le non-respect des signaux ;
- le non-respect des règles de priorités ;
- des écarts sans avertir, etc.

Prévoir l'imprévisible

Attention en tournant à droite !

Ils ont tendance à se faufiler entre les voitures et à dépasser par la droite. Les pistes cyclables sont des chaussées réservées aux cycles (sans remorque).
Quand elles sont autorisées aux cyclomoteurs, un panonceau le précise.
Les bandes cyclables sont des voies qui répondent aux mêmes règles. La circulation et le stationnement des autres véhicules y sont interdits.

Débouché de cycles ou cyclos venant de gauche

Fin de piste ou bande cyclable

Dans les endroits où circulent souvent les deux-roues et notamment à la fin des pistes ou bandes cyclables, le danger peut être annoncé par des panneaux.
Lorsqu'une piste ou une bande cyclable traverse la chaussée principale, les panneaux sont complétés par un marquage au sol.

■ Motos

Savoir apprécier les capacités d'accélération des motos

Les capacités d'accélération des motos et leur faible encombrement leur permettent de passer à des endroits et à des moments où l'on ne passerait pas en voiture.
Il est indispensable de regarder sur le côté avant de déboîter pour changer de file ou quitter un stationnement.

- Au moins 1 m d'intervalle en dépassant un 2 roues en ville.
- Circulation et stationnement interdits aux autres usagers sur les bandes et pistes cyclables.

TRANSPORT EN COMMUN

En agglomération, les autobus permettent de transporter un grand nombre de personnes en réduisant les problèmes de circulation, de stationnement et de pollution. Pour favoriser leur usage, des règles facilitent leur circulation.

Des voies de circulation sont réservées aux bus.
Lorsqu'un panonceau le signale, la circulation et l'arrêt des autres usagers sont autorisés à certaines heures.

Des emplacements pour l'arrêt leur sont réservés.
L'arrêt et le stationnement des autres usagers y sont interdits, mais on peut y circuler.
Lorsque les bus quittent leur arrêt, les autres usagers doivent leur céder le passage.

Dans les rues étroites ou encombrées, les autres usagers doivent leur faciliter le passage.

Les bus qui effectuent des transports d'enfants sont signalés par une plaque.
Avant tout dépassement il est vital de s'assurer qu'aucun enfant ne risque de traverser devant le bus à l'arrêt et qu'aucun retardataire ne traverse précipitamment pour y monter.

■ Autobus

Faciliter le départ d'un bus quittant un arrêt

Voie réservée au bus

Priorité au bus quittant un arrêt

Attention aux enfants qui pourraient traverser

■ Tramways

Dépassement à droite en général

 Indication d'un arrêt de tramway

Les tramways circulent sur rails, parfois sur les mêmes chaussées que les voitures. Leur dépassement s'effectue par la droite.
Toutefois, celui-ci peut se faire par la gauche :
- dans les rues en sens unique ;
- dans les rue à double sens si on ne franchit pas l'axe médian.

Pendant l'arrêt du tramway, on ne dépasse pas du côté où s'effectue la montée et la descente.

VEHICULES LENTS ET ENCOMBRANTS

Feu jaune clignotant = Danger

Les véhicules de service qui encombrent la chaussée ou circulent très lentement sont signalés par des feux tournants ou clignotants orange visibles de loin.
Il convient de prévoir leur dépassement assez longtemps à l'avance et de passer à allure modérée ; des hommes travaillent souvent à proximité (ramassage d'ordures, nettoyage de voirie…).

VÉHICULES D'URGENCE

Dans les encombrements de la ville, certains véhicules doivent se déplacer rapidement pour des raisons de sécurité.

■ **Véhicules prioritaires**

Sont prioritaires les véhicules :
- de Police et Gendarmerie ;
- de pompiers ;
- de SAMU - SMUR - Douanes...

Lorsqu'ils effectuent une mission urgente, ils annoncent leur approche à l'aide d'avertisseurs sonores et lumineux (feu tournant bleu). Dans ce cas, les autres usagers sont tenus de céder le passage.

Céder le passage

■ **Véhicules d'intervention urgente**

Les véhicules d'intervention urgente sont : les ambulances, gaz-secours, électricité-secours, médecins de permanence, services de surveillance de la S.N.C.F.
Lorsqu'ils effectuent une mission urgente, ils annoncent leur approche à l'aide d'avertisseurs sonores et lumineux (feu clignotant bleu). Dans ce cas, on doit leur faciliter le passage.

Faciliter le passage

- Circulation interdite sur les voies réservées aux bus (sauf indication contraire).
- Arrêt et stationnement interdits sur les voies réservées aux bus.
- Céder le passage aux bus quittant l'arrêt.
- Céder le passage aux bus dans les passages étroits ou encombrés.
- Les tramways se dépassent normalement par la droite.
- Interdit de dépasser un tramway à l'arrêt du côté où descendent les voyageurs.
- Véhicules prioritaires = feu bleu tournant = céder et faciliter le passage.
- Véhicules d'intervention urgente = feu bleu clignotant = faciliter le passage.

RÈGLES DE CIRCULATION

TRAJETS CONNUS

Les accidents ont souvent lieu sur les trajets connus

Les parcours habituels et courts semblent sans risque.
Mais l'habitude diminue l'attention.
En ville, **80 % des accidents surviennent près du domicile du conducteur.**

TRAJETS INCONNUS

Se déplacer sans gêner

La circulation dans une ville inconnue pose d'autres problèmes : recherche de l'itinéraire, d'un nom de rue, d'une enseigne, etc.
On hésite, on roule moins vite que le reste du trafic.
Il est important de surveiller attentivement ses rétroviseurs et d'avertir assez longtemps à l'avance.
Lorsqu'on suit un usager immatriculé dans un autre département ou un autre pays, il faut s'attendre à des ralentissements brusques ou des changements de direction au dernier moment. Mieux vaut laisser un intervalle de sécurité important.

NUIT

Dès que le soir tombe, même si l'éclairage public est suffisant pour circuler, il est nécessaire d'allumer les **feux de position ou de croisement**.
Si la ville n'est absolument pas éclairée, on roule en feux de route.

Eclairage insuffisant : feux de croisement

S'INSERER DANS LA CIRCULATION

On n'est jamais prioritaire en quittant un stationnement.
En sortant d'un garage ou d'un parking, on cède le passage aux piétons ainsi qu'aux véhicules et on indique la direction qu'on prendra (clignotant).
Pour sortir d'un stationnement, on avertit avec le clignotant, après avoir contrôlé devant, derrière et sur le côté qu'on ne gênera personne.

Céder le passage en sortant

CIRCULATION EN FILE

■ Espaces sur les côtés

En marche normale, on circule sur la voie de droite. Il faut cependant tenir compte de la présence des autres usagers : véhicules en stationnement, piétons.
Lorsque la circulation se fait sur plusieurs files, on se place au centre de sa voie pour garder des espaces de sécurité sur les côtés.

Espaces libres = Sécurité

■ Espace devant et derrière

A l'arrêt, voir les roues

Le véhicule qu'on suit peut freiner brusquement. Il faudra alors s'arrêter à temps pour ne pas le percuter et sans se faire heurter à l'arrière de son propre véhicule. Pour cela, il faut laisser un intervalle d'environ 2 secondes.
(voir chapitre Vitesse).
Quand on doit s'arrêter dans une file, on considère qu'il faut voir à l'arrêt, les pneus arrière de la voiture suivie.

■ Changement de direction

Vérifier ➜ Informer ➜ Se placer

Le changement de file n'est autorisé que pour préparer un **changement de direction**. Il faut alors :
- **repérer** assez longtemps à l'avance la voie qui correspond à la direction que l'on veut suivre ;
- **observer** la circulation sur la file que l'on veut prendre (rétroviseur et vision directe) ;
- **avertir** à l'aide du clignotant ;
- **se placer** dès qu'on peut le faire sans gêner.

- Pour circuler de nuit :
  - ville bien éclairée = feux de position ou de croisement ;
  - ville non éclairée = feux de route.
- Circulation en file :
  - en marche normale, voie de droite ;
  - changement de file interdit, sauf pour changer de direction ;
  - espaces de sécurité autour du véhicule.

CHANGEMENTS DE DIRECTION

D'abord, vérifier qu'aucun signal ne l'interdit. Puis, dans l'ordre :
- **observer** la circulation vers l'avant, l'arrière et sur le côté gauche ;
- **avertir à l'aide du clignotant gauche ;**
- **contrôler latéralement** en vision directe ;
- **se déporter** vers la gauche ;
  . sans dépasser l'axe de la chaussée si la rue est à double sens.

■ **Pour tourner à gauche**

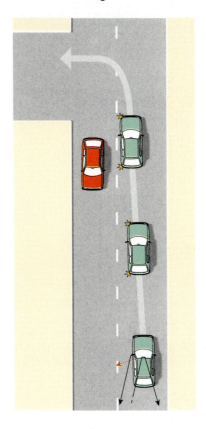

. complètement à gauche si la rue est à sens unique (s'il existe plusieurs voies partant sur la gauche, on doit, en général, prendre la voie la plus à droite) ;

. dans la voie qui tourne à gauche s'il y a des flèches de sélection ;

- **Ralentir** et appliquer les règles de priorité avant de tourner. (voir chapitre Intersection).

En sens unique se placer complètement à gauche

■ **Carrefours giratoires**

Trajectoires sur les ronds-points

La position d'entrée et la trajectoire sur le rond-point dépendent de la sortie qu'on souhaite prendre.
- Pour sortir à droite ou tout droit :
  . aborder le rond-point comme un changement de direction à droite ;
  . circuler sur la voie de droite ;
  . mettre le clignotant à droite pour sortir.
- Pour sortir à gauche ou faire demi-tour :
  . aborder le rond-point comme un changement de direction à gauche ;
  . circuler sur la voie de gauche ;
  . un peu avant la sortie qu'on veut prendre, contrôler, avertir et regagner la voie de droite.

Si l'on ne sait pas en entrant où l'on va sortir, on reste sur la voie de droite.

PASSAGES ÉTROITS ET ENCOMBRÉS

■ **Voie de droite occupée**

Priorité à celui qui ne fait pas d'écart

Si la voie de droite est occupée (travaux, véhicules en stationnement, etc), on laisse passer les usagers venant en face avant d'utiliser leur voie. S'il faut s'arrêter, mieux vaut le faire assez loin de l'obstacle pour pouvoir repartir facilement.
Dans tous les cas, contrôler et avertir avant de déboîter.
Lorsque l'obstacle est situé sur l'autre voie, on s'assure que les véhicules arrivant en face vont bien s'arrêter. S'il s'agit d'un véhicule prioritaire, ou de transport en commun, on lui cède le passage.

Intersections encombrées

Même si le feu est vert, on ne s'engage pas dans une intersection si on risque d'y rester immobilisé. On bloquerait alors le passage à la voie transversale.

Ne s'engager que si l'on est sûr de dégager complètement

- Voie de droite encombrée : céder le passage en face.
- Passage encombré : céder le passage aux véhicules prioritaires, d'intervention urgente et aux transports en commun.
- Intersection encombrée = ne pas s'engager.

ARRÊT STATIONNEMENT

RÈGLES GÉNÉRALES

Définitions

Arrêt
C'est l'immobilisation d'un véhicule sur la chaussée ou sur l'accotement le temps de faire monter (ou descendre) des passagers ou de charger (ou décharger) des marchandises.
Le conducteur est au volant ou à proximité immédiate du véhicule.

S'arrêter, c'est pouvoir déplacer le véhicule rapidement

■ Où se placer ?

Sur la chaussée, près du bord, dans le sens de la marche

Stationnement
C'est l'immobilisation d'un véhicule sur la chaussée ou sur l'accotement dans tous les cas qui ne sont pas des arrêts.
Lorsque la rue comporte des trottoirs, on doit placer le véhicule sur la chaussée :
- près du bord pour gêner le moins possible la circulation ;
- à droite dans le sens de la marche pour ne pas avoir à couper la circulation en sens inverse ;
- à droite ou à gauche dans les rues à sens unique.

DURÉE DU STATIONNEMENT

■ Stationnement abusif

STATIONNEMENT MAXIMUM : 7 JOURS AU MÊME ENDROIT.

■ Stationnement à durée limitée

Gratuit

Disque à placer côté trottoir

Il est interdit de laisser un véhicule en stationnement sur la voie publique à un même endroit pendant plus de 7 jours.
Dans certaines villes (comme à Paris), cette durée peut être ramenée à 24 heures.

Dans certaines zones, la durée du stationnement est limitée pour permettre au plus grand nombre d'y accéder.

Le contrôle de la durée s'effectue par disque. Le conducteur règle son disque en faisant apparaître l'heure d'arrivée à gauche (chiffres bleus) et le place bien en vue derrière le pare-brise côté trottoir.
L'heure limite du stationnement apparaît à droite (chiffres rouges). Au-delà de cette limite, le véhicule doit quitter le stationnement.

Les endroits où le stationnement limité est gratuit peuvent être annoncés :
- par des panneaux accompagnés d'un panonceau ;
- par des signaux d'entrée et de sortie de zone ;

De plus, des marquages au sol bleus peuvent matérialiser les emplacements (zone bleue).

Les endroits où le stationnement limité est payant peuvent être annoncés :
- par des panneaux accompagnés d'un panonceau ;
- par des signaux d'entrée et de sortie de zone ;
- par la mention "PAYANT" inscrite dans les marquages délimitant les emplacements.

Lorsque le stationnement à durée limitée est payant, le contrôle de la durée peut s'effectuer par :
- **Horodateur**, appareil qui délivre, contre paiement un ticket sur lequel figure l'heure limite du stationnement autorisé ; ce ticket se place derrière le pare-brise côté trottoir.
- **Parcmètre**, appareil sur lequel s'affiche directement le temps de stationnement autorisé, contre paiement.

Dans les deux cas, la durée autorisée dépend de la somme introduite dans l'appareil, dans la limite du maximum indiqué.

Stationnement à durée limitée

Entrée de zone   Sortie de zone

Payant

Horodateur

Stationnement payant et à durée limitée

Parcmètre   Entrée de zone   Sortie de zone

- Arrêt = charger/décharger bagages ou passagers, conducteur à proximité ; stationnement = autres cas. Se placer à droite dans le sens de la marche.
- Stationnement abusif = plus de 7 jours.
- Zone bleue = durée de stationnement limitée.
- Disque de stationnement : gratuit, durée limitée.
- Horodateur ou parcmètre : payant, durée limitée.

ALTERNANCE SEMI - MENSUELLE

Entrée de zone

CHANGEMENT DE COTÉ : LE DERNIER JOUR DE LA QUINZAINE ENTRE 20H30 ET 21H.

Signalisation par rue

| Interdit de ce côté du 1 au 15 | Interdit de ce côté du 16 au 31 |

Signalisation par zone

Dans certaines rues, le stationnement ne peut s'effectuer que d'un côté. Afin de ne pas pénaliser toujours les mêmes riverains et de permettre l'entretien des chaussées, on change de côté chaque quinzaine.
Le stationnement est alors :
- **unilatéral** (d'un seul côté de la rue) ;
- **alterné** (tantôt d'un côté, tantôt de l'autre) ;
- **semi-mensuel** (chaque période dure la moitié du mois).

Le changement de côté s'effectue le dernier jour de la quinzaine entre 20 h 30 et 21 h 00.

On peut trouver deux types de signalisation.

Signalisation par rue :
Des panneaux sont implantés de chaque côté dans les rues concernées.
Il suffit alors de connaître la date pour savoir de quel côté le stationnement est interdit :
- le panneau de gauche interdit de stationner du 1er au 15 du mois du côté où il est implanté ;
- le panneau de droite interdit de stationner du 16 au 31 du mois du côté où il est implanté.

Signalisation par zone :
Des panneaux son implantés seulement à l'entrée (et à la sortie) de chaque zone concernée.
La zone peut couvrir l'ensemble de l'agglomération, dans ce cas le panneau est implanté à chaque entrée de la ville.

Pour savoir de quel côté stationner, il faut alors tenir compte :
  - *de la date (1ère ou 2ème quinzaine),*
  - *des numéros des immeubles.*

*1ère quinzaine :
le stationnement s'effectue du côté des numéros impairs.*

*2ème quinzaine :
le stationnement s'effectue du côté des numéros pairs.*

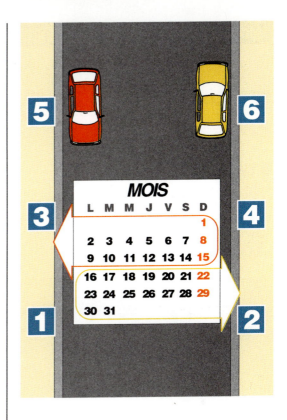

Attention, *l'alternance semi-mensuelle ne remet pas en cause le sens du stationnement : dans une rue à double sens de circulation, on stationne à droite ; si ce n'est pas permis en raison de la quinzaine, on fait demi-tour pour se garer de l'autre côté.*

STATIONNEMENT :
1ERE QUINZAINE : NUMÉROS IMPAIRS.
2EME QUINZAINE : NUMÉROS PAIRS.

- S'il est écrit sur le panneau :
  - seulement "1-15", interdit de ce côté du 1 au 15 du mois ;
  - seulement "16-31", interdit de ce côté du 16 au 31 du mois ;
  - "1-15 et 16-31", autorisé côté impair la 1ère quinzaine, côté pair la 2ème quinzaine.
- Changement de côté le dernier jour, entre 20 h 30 et 21 h 00.

ARRET ET STATIONNEMENT INTERDITS

ARRET INTERDIT
=
ARRET ET STATIONNEMENT INTERDITS.

Quand l'arrêt est interdit,
le stationnement l'est aussi.
Cependant, dans certains cas,
le stationnement est interdit,
mais l'arrêt reste autorisé.
L'interdiction peut résulter
de la signalisation ou de la situation.

■ Signalisation

- Arrêt et stationnement interdits

L'arrêt et le stationnement sont
interdits sur la chaussée et
l'accotement à partir de ce panneau
jusqu'à la prochaine intersection
(si le panneau est répété après
l'intersection, l'interdiction continue).

Le marquage jaune continu
sur la bordure de trottoir matérialise
l'étendue d'une interdiction
de s'arrêter sur la chaussée
et sur le trottoir.

- Stationnement interdit

Le stationnement est interdit sur la
chaussée et l'accotement à partir
de ce panneau jusqu'à la prochaine
intersection.

Le marquage jaune discontinu
sur la bordure de trottoir matérialise
l'étendue d'une interdiction
de stationner sur la chaussée
et sur le trottoir.

Des panonceaux peuvent préciser l'interdiction concernant :

- l'étendue :
  . début d'interdiction ;
  . rappel ;
  . fin d'interdiction ;
  . entrée et sortie de zone.

- la période :
  . certaines heures ;
  . certains jours ;
  . durée.

- les usagers concernés.

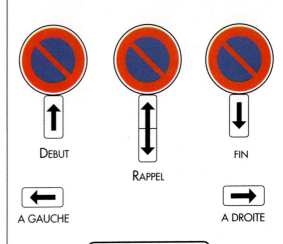

Situation

- Arrêt et stationnement interdits

Même en l'absence de signalisation spécifique, lorsque la visibilité est insuffisante, **l'arrêt et le stationnement sont dangereux, donc interdits à proximité :**
- **des intersections ;**
- **des virages ;**
- **des sommets de côte ;**
- **des passages à niveau.**

Visibilité réduite pour les usagers arrivant sur le "cédez-le-passage"

Arrêt gênant pour les autres usagers

Arrêt gênant si l'on oblige les autres
à faire une faute de conduite

- Stationnement interdit

L'arrêt est autorisé

L'arrêt et le stationnement sont interdits parce que gênants pour la circulation :
- *aux endroits réservés à la circulation de certaines catégories d'usagers : trottoirs, passages pour piétons, pistes cyclables, voies réservées aux bus, etc ;*
- *sur les emplacements réservés à l'arrêt de certaines catégories d'usagers : bus, taxis, etc ;*
- *sur les ponts et dans les passages souterrains ;*
- *aux emplacements où le véhicule gênerait l'accès à un autre véhicule ou la sortie (stationnement, garage...) ;*
- *à la hauteur d'une ligne continue si cela oblige les autres usagers à la chevaucher ou à la franchir ;*
- *aux endroits où le véhicule risque de masquer un signal à la vue des autres conducteurs ;*
- *face à une bouche d'incendie, et partout où la voiture constituerait une gêne : accès à des installations souterraines, trop loin du bord de la chaussée, etc.*

Le stationnement est interdit, mais l'arrêt toléré :
- *devant les entrées et sorties de garages ou de propriétés ;*
- *en double file.*

MANŒUVRES DE STATIONNEMENT

Le conducteur doit prendre toutes les mesures pour que ses manœuvres de stationnement ne présentent pas de danger pour les autres usagers. Pour cela, il faut notamment :
- prévenir assez longtemps à l'avance (clignotant, feux stop) ;
- laisser passer les autres avant de manœuvrer ;
- se tourner pour regarder en vision directe pendant la marche arrière.

En marche arrière on n'est pas prioritaire

- En créneau
La voiture est placée le long du trottoir. Si la place est limitée, il est nécessaire d'entrer en marche arrière.

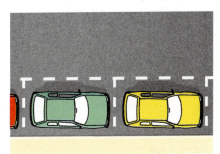

- En bataille
Le véhicule est perpendiculaire à la rue. Cette manœuvre nécessite une marche arrière, soit pour y entrer, soit pour en sortir.
Il est préférable d'entrer en marche arrière (manœuvre plus efficace) et de sortir en marche avant (meilleure visibilité).

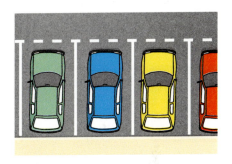

- En épi
Même principe que pour le rangement en bataille, mais les voitures sont en biais.

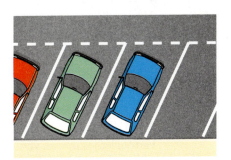

PRÉCAUTIONS

Regarder derrière avant d'ouvrir la porte

Avant de quitter le véhicule, mettre l'antivol et vérifier le frein à main.
Dans les rues à forte pente braquer les roues vers le trottoir.

Afin d'éviter les risques d'accrochage, regarder derrière, puis faire descendre les passagers du côté du trottoir.
Toute ouverture de portière doit être précédée d'un coup d'œil vers l'arrière.
Verrouiller toutes les portes et vérifier que les feux sont éteints.
Ne pas laisser les papiers du véhicule à l'intérieur.

POLLUTION

Pour limiter les nuisances liées au bruit et à la pollution, arrêter le moteur, même pour un stationnement de courte durée.
Fumées noirâtres, enfants qui toussent… La pollution menace de plus en plus les habitants des grandes villes. Les jours de pics de pollution, des solutions doivent être trouvées pour éviter toute aggravation de la situation.

La pastille verte (gratuite et délivrée en même temps que la carte grise) permet de distinguer les véhicules les moins polluants (au gaz, électrique, catalysés etc.) autorisés à circuler les jours de pics de pollution.

- Arrêt interdit = arrêt et stationnement interdits.
- Stationnement interdit quand il est :
    - gênant ;
    - dangereux.
- Avant de descendre :
    frein à main, antivol, contrôle de l'ouverture des portières.
- Avant de s'éloigner :
    verrouiller les portes, vérifier l'extinction des feux.

EVALUATION

■ Lorsqu'un panneau d'entrée d'agglomération est suivi d'une signal de limitation à 70 km/h, la vitesse est limitée :

■ 1
- seulement dans la rue où le signal est implanté .... ❏
- dans toutes les rues de la ville
.... ❏

■ Une route peut garder son caractère prioritaire dans la traversée d'une agglomération.

■ 2
Vrai .... ❏
Faux .... ❏

■ Quelle distance doit-on laisser autour d'un piéton quand on le croise ou qu'on le dépasse ?

■ 3
....
....
....

■ Pourquoi faut-il être particulièrement vigilant quand on circule dans une zone fréquentée par des enfants ?

■ 4
....
....
....

■ En tournant à droite à une intersection, que peut-on faire pour limiter les risques liés aux deux roues qui se faufilent par la droite ?

■ 5
....
....
....

EVALUATION

■ Dans quel(s) cas est-on tenu de céder le passage aux bus en agglomération ?

■ 6
. . . .
. . . .
. . . .

■ Lorsque la circulation est établie en files ininterrompues sur toutes les voies en raison du trafic, dans quel cas est-on autorisé à changer de voie ?

■ 7
. . . .
. . . .
. . . .

■ Pourquoi est-il interdit de s'engager au feu vert dans une intersection encombrée si l'on n'est pas sûr de pouvoir dégager à temps ?

■ 8
. . . .
. . . .
. . . .

■ Le stationnement est unilatéral à alternance semi-mensuelle.
Où doit-on stationner le 2 du mois ?

■ 9
. . . .
. . . .
. . . .

■ Citer trois précautions à prendre avant de quitter son véhicule en stationnement.

■ 10
. . . .
. . . .
. . . .

- **Réponse 1 :** *- seulement dans la rue où le signal est implanté.*

- **Réponse 2 :** *Vrai*

- **Réponse 3 :** *1 mètre*

- **Réponse 4 :** *Les enfants :*
  - ne voient pas la circulation comme les adultes ;
  - apprécient mal les distances et les vitesses ;
  - sont absorbés par leurs jeux, etc.

- **Réponse 5 :** *Avertir (clignotant).*
  Donner un coup d'œil latéral avant de serrer à droite.

- **Réponse 6 :** *Dans les passages étroits et lorsqu'ils quittent leur arrêt.*

- **Réponse 7 :** *Pour préparer un changement de direction.*

- **Réponse 8 :** *Pour ne pas bloquer la circulation,*
  quand le feu passe au vert sur la voie transversale.

- **Réponse 9 :** *Côté impair (1ère quinzaine) dans le sens de la circulation.*

- **Réponse 10 :** *frein à main, antivol ;*
  pas de papiers à l'intérieur ;
  vérifier l'extinction des feux ;
  verrouiller les portes, etc.

CORRECTION

155

ROUTE 7

ROUTE

Sur route, la conduite paraît plus simple qu'en ville. Mais l'allure est plus rapide et d'autres risques apparaissent. Pour les éviter, il existe des règles spécifiques à connaître et à appliquer.

RÈGLES GÉNÉRALES

LES DIFFERENTES ROUTES

■ Classement administratif

Les routes sont classées en différentes catégories selon l'administration chargée de les gérer.
Certains panneaux de direction ou de localisation (ainsi que les bornes kilométriques) sont complétés par des cartouches qui indiquent ces catégories.
La couleur, la lettre, le numéro de la route permettent de se repérer sur une carte.

On dénombre 7 réseaux différents symbolisés par des cartouches.

Divers cartouches :

E
Européen

N
Nationale

A
Autoroute

D
Départemental

C
Communale

R
Rural

F
Forestière

Attention, ce classement administratif n'indique pas la priorité aux intersections.

- Classement administratif des routes (Nationales, Départementales, etc.) : une lettre et un chiffre sur les panneaux de direction.
- Priorité : panneau de caractère prioritaire.

■ Route pour automobiles ou route express

Début de route pour automobiles

Vitesse maximum 110 km/h si les chaussées sont séparées par un terre-plein,
100 km/h par temps de pluie,
100 km/h pendant 2 ans apres le permis.

Fin de route pour automobiles

Ce panneau indique l'entrée d'une route pour automobiles.
L'accès est interdit :
- aux piétons, cyclistes, cyclomotoristes, cavaliers, voiturettes ;
- aux véhicules à traction animale ;
- aux véhicules agricoles et de travaux publics (sauf ceux qui servent à effectuer des travaux sur cette route).

Les routes pour automobiles sont réservées à la circulation des :
- voitures particulières (avec ou sans remorque) ;
- véhicules ou ensembles de transport de marchandises ;
- véhicules de transport en commun ;
- motos avec ou sans side-car.

La plupart des règles de circulation sont les mêmes que sur autoroute.
Il est notamment interdit :
- de faire demi-tour ;
- d'effectuer une marche arrière ;
- de traverser la bande séparatrice des chaussées ;
- de s'arrêter ou de stationner ailleurs que sur les aires aménagées. Cependant, en cas de nécessité absolue, l'arrêt ou le stationnement sont tolérés en dehors des voies de circulation. On doit alors allumer le signal de détresse ou utiliser le triangle de présignalisation.

Un panneau signale la fin de la route pour automobiles. Les règles générales s'appliquent à nouveau (vitesse, priorités de passage, etc). Une attention particulière est nécessaire le temps de se réadapter aux conditions de circulation.

POSITION SUR LA CHAUSSEE

■ Utilisation des voies

A droite en marche normale

La chaussée est souvent séparée des accotements par des lignes de rive.
Elle comporte plusieurs voies qui peuvent être matérialisées par des lignes continues ou discontinues.

En marche normale :
On circule dans la voie de droite, près du bord droit de la chaussée en tenant compte de l'état du revêtement (flaques d'eau, trous, etc.).
Il faut s'efforcer de ne pas modifier sa trajectoire sans raison, afin de ne pas gêner ni surprendre les autres usagers. **Chaque fois qu'un écart est nécessaire, contrôler (coups d'œil devant, derrière et sur le côté) et avertir avant la manœuvre.**
Lorsqu'une voie est réservée à certains usagers (véhicules lents, cycles, etc), les autres véhicules ne peuvent ni y circuler, ni s'y arrêter.

Changement de direction :
Le conducteur qui veut changer de direction doit s'assurer qu'il peut le faire sans danger. Il doit ensuite avertir, avant de modifier sa trajectoire, puis :
pour tourner à gauche :
se déporter vers la gauche :
  - sans dépasser l'axe de la chaussée si la route est à double sens avec 2 ou 4 voies ;
  - dans la voie centrale si la route est à double sens et comporte 3 voies ;
  - dans la voie qui tourne à gauche s'il y a des flèches de sélection.

pour tourner à droite :
serrer à droite.

Avertir avant de manœuvrer

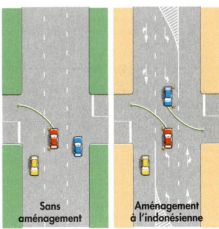

Sans aménagement — Aménagement à l'indonésienne

Placement pour tourner à gauche

■ **Espace de sécurité**

2 secondes minimum

En suivant un autre véhicule à la même vitesse, il est vital de laisser un espace de sécurité suffisant.
On laisse au moins 2 secondes. Plus la vitesse est élevée, plus la distance est grande. Cet intervalle constitue un "coussin d'espace" qui laisse le temps de réagir en cas de freinage brutal de l'usager qui est devant.

Il est souhaitable d'augmenter cet intervalle notamment quand on suit un véhicule utilitaire qui masque la visibilité vers l'avant.

En divisant par 2 la vitesse à laquelle on roule, on obtient approximativement l'intervalle de sécurité MINIMAL :

90 km : 90/2 = 45 m

Quand on conduit un véhicule de plus de 7 m de long, ce qui est généralement le cas si l'on tracte une **caravane,** on doit laisser **50 m minimum d' intervalle** en suivant un autre véhicule de plus de 7 m de long ou de plus de 3,5 t de P.T.A.C.

- Route pour automobiles :
  - accès limité à certains usagers ;
  - chaussées séparées = vitesse limitée à 110 km/h (100 km/h pour les jeunes conducteurs) ;
  - manœuvres interdites (demi-tour, marche arrière, etc.).
- Une chaussé est divisée en plusieurs voies.
- En marche normale : se placer près du bord droit, dans la voie de droite, contrôler et avertir avant tout écart.
- Pour tourner à gauche, contrôler, avertir, se déporter vers la gauche.
- Pour tourner à droite, contrôler, avertir, serrer à droite.
- Distance de sécurité = 2 secondes.

ALLURE

■ Réglementation de la vitesse

La vitesse des véhicules est réglementée sur l'ensemble du réseau routier pour permettre un bon écoulement du trafic dans de bonnes conditions de sécurité (voir chapitre Vitesse).

D'une façon générale, la vitesse maximale est limitée à 90 km/h en dehors des agglomérations. Cependant, elle est abaissée à des valeurs inférieures :
- en fonction des conditions climatiques ;
- en fonction de situations particulières (dangers ponctuels, travaux, etc.).

	Routes normales	Chaussées séparées
Conditions normales	90 km/h	110 km/h
Pluie, autres précipitations	80 km/h	100 km/h
Visibilité inférieure à 50 m	50 km/h	50 km/h

Selon les conditions climatiques

La vitesse maximale est portée à 110 km/h lorsque les infrastructures le permettent, c'est-à-dire sur les routes à chaussées séparées par un terre-plein central.

Chaussées séparées : 110 km/h

Pour ne pas surprendre les autres usagers, il n'est pas permis de circuler sans raison valable à une allure anormalement réduite. Si l'on est obligé de le faire (problème mécanique par exemple), il faut serrer le plus possible à droite et allumer le signal de détresse.

■ Evaluation de la vitesse

Défilement du paysage

Un véhicule nous rattrape

Sa propre vitesse :
On évalue approximativement sa vitesse grâce au défilement du paysage, aux bruits aérodynamiques et au son du moteur ; mais ces évaluations ne sont pas très fiables.
Par exemple, pour une même vitesse, si la route est large et ses bords dégagés, on a l'impression d'aller moins vite que si la route est étroite ou bordée d'arbres.
C'est pourquoi l'indicateur de vitesse doit être consulté fréquemment.

La vitesse des autres :
Il est indispensable d'évaluer assez justement l'allure des autres usagers ; pour franchir les intersections, pour prévoir un dépassement.
Selon le type de véhicule, on peut imaginer les vitesses couramment pratiquées : par exemple, une moto accélère plus fort et circule généralement plus vite qu'un poids lourd.
Pour savoir si le véhicule de derrière roule plus vite que soi, il est nécessaire de jeter plusieurs coups d'œil à intervalles réguliers dans le rétroviseur pour juger s'il se rapproche.
De nuit, l'estimation est plus difficile et nécessite plus de temps : il faut regarder plusieurs fois pour apprécier la vitesse à laquelle se rapprochent des phares.

- Moins de 2 ans de permis : routes = 80 km/h maxi.
- Impression de vitesse : pas très juste ; consulter souvent l'indicateur de vitesse.
- Pour évaluer la vitesse des autres, regarder à plusieurs reprises afin d'apprécier leur progression.

La conduite sur route exige moins d'actions sur les commandes que la conduite en ville. Mais la vitesse est plus élevée, et si les accidents sont moins nombreux, ils sont plus graves. L'un des problèmes de la conduite sur route est de maintenir une vigilance suffisante pour déceler à temps les zones à risques.

Un obstacle peut être masqué par un virage ou un sommet de côte : véhicule en panne, groupe de piétons, engin agricole, etc.
C'est pourquoi il faut adapter sa vitesse pour pouvoir s'arrêter dans la zone de visibilité. Il peut être utile d'utiliser l'avertisseur sonore (ou lumineux la nuit) pour annoncer son approche.
Quand on ne peut pas voir si un véhicule arrive en sens inverse, le dépassement n'est pas possible, sauf si la manœuvre laisse libre la moitié gauche de la chaussée ou si l'on est "protégé" par une ligne continue (sur une route à 3 voies).

Dans les virages, la force centrifuge "pousse" le véhicule vers l'extérieur de la courbe.
Cette force centrifuge augmente :
- comme le carré de la vitesse, c'est-à-dire qu'elle est multipliée par 4 quand la vitesse est multipliée par 2 ;
- selon la forme du virage, plus il est "serré" (plus le rayon est petit), plus la force est grande ;

DANGERS PARTICULIERS

■ Virages et sommets de côte

Manque de visibilité : méfiance

Virage : force centrifuge

Adapter son allure avant le virage

■ **Intersections**

Signalisation de position

- selon le poids du véhicule : dans un même virage, à la même vitesse, la force centrifuge est plus forte si le véhicule est chargé (passagers, bagages).

Si la force centrifuge est plus forte que l'adhérence, le véhicule quitte sa trajectoire. L'adhérence dépend de l'état de la voiture (pneus, amortisseurs, etc.), mais aussi de celui de la chaussée. Par exemple, dans un virage à gauche, l'adhérence est moins bonne si la route est bombée.

Sur route, les virages les plus dangereux sont signalés, et la vitesse peut être limitée.

Dans tous les cas, à l'approche d'un virage, il convient :
- d'apprécier le rayon de la courbe et l'état de la route ;
- de réduire son allure en fonction de l'adhérence et de la visibilité ;
- au besoin d'avertir.

Le plus souvent, les intersections sont signalées :
- panneaux de priorité et de direction ;
- balises ;
- marquages au sol.

Dès que l'intersection est détectée, il convient d'adapter son allure à la visibilité et au régime de priorité. Si la visibilité est faible, on annonce son approche à l'aide du klaxon (ou de l'avertisseur lumineux la nuit).

- Sommets de côte, virages, intersections : ralentir et avertir.
- La force centrifuge dépend : du carré de la vitesse, du rayon du virage, du poids du véhicule.

CROISER

■ Précautions

Lorsque la route n'est pas très large, il est nécessaire de ralentir et de serrer à droite pour croiser en sécurité.
En croisant un véhicule lourd, il vaut mieux tenir plus fermement le volant en raison du déplacement d'air.
S'il pleut ou si la route est mouillée, mettre les essuie-glaces en marche rapide un peu avant le croisement en prévision des projections.

Ralentir, serrer à droite

■ Ordre de passage

Obstacle :
Lorsqu'il y a un obstacle sur la route, il faut laisser passer les usagers en sens inverse avant d'emprunter la voie de gauche.

Céder le passage en face

Route étroite :
Si la largeur de la chaussée est insuffisante, les véhicules encombrants (plus de 2 m de large ou plus de 7 m de long) doivent céder le passage.

Le "gros" cède le passage

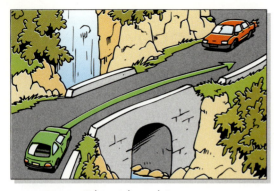

Celui qui descend s'arrête

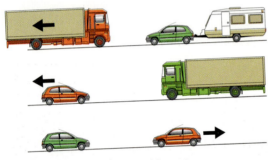

Le plus maniable recule

Céder le passage en face

Route à forte pente :

- Si l'un des usagers doit **s'arrêter** pour laisser passer l'autre, c'est au véhicule descendant de s'arrêter à temps le premier, que ce soit une voiture ou un poids lourd.
Il est plus facile de repartir en descente qu'en montée.

- Si l'un des usagers doit **reculer** pour permettre le croisement, c'est au véhicule le plus maniable de faire la manœuvre :
  - un véhicule unique doit reculer face à un véhicule avec remorque ou semi-remorque ;
  - un véhicule léger doit reculer face à un véhicule lourd ;
  - un camion doit reculer face à un car.

S'il s'agit de deux usagers de même catégorie, c'est au véhicule descendant de le faire, à moins que ce ne soit manifestement plus facile pour l'autre (proximité immédiate d'une place pour se garer).

Signalisation :

Lorsqu'une signalisation est en place, elle remplace les règles générales.
Il suffit alors de s'y conformer.
- panneaux ;
- feux tricolores ;
- piquets mobiles ;
- signes des agents.

Dans tous les cas, on cède le passage aux véhicules prioritaires ou d'intervention urgente qui annoncent leur approche.

- Croisement difficile : ralentir, serrer à droite.
- Obstacle sur la voie de droite : céder le passage en face.
- Passage étroit : le "gros" laisse passer le "léger".
- Forte déclivité :
  - celui qui descend s'arrête le premier ;
  - si une marche arrière est nécessaire, c'est le plus maniable qui recule.

Pour effectuer un dépassement en sécurité, de nombreux éléments doivent être pris en compte : vitesse des véhicules, visibilité, espace disponible, etc.

DÉPASSER

AVANT DE DEPASSER

■ Réglementation

Avant d'entreprendre un dépassement, il faut s'assurer qu'on n'est pas dans un des cas d'interdiction :

Dépassement interdit par la signalisation.
A partir de ce signal, il est interdit de dépasser tous les véhicules à moteur sauf les deux roues.

• **Dépassements interdits :**

Panneau d'interdiction de dépasser

Tout dépassement est interdit à l'approche d'un passage à niveau sans barrière ni demi-barrière.

Passage à niveau sans barrière

Intersections non prioritaires

Dépassement interdit à l'approche d'une intersection où le conducteur doit céder le passage.

Ligne continue ou mixte

Il est interdit de dépasser en chevauchant ou franchissant :
  . une ligne continue ;
  . une ligne mixte si la ligne continue est la plus proche du véhicule.

Ligne d'avertissement

Si la manœuvre de dépassement risque de ne pas être terminée avant le début de la ligne continue, il est interdit de la commencer :

  . à hauteur d'une ligne d'avertissement seule, ou accolée à une ligne continue ;

Flèches de rabattement

. à hauteur d'une flèche de rabattement.

Sur les routes à double sens de circulation à 3 voies, il est interdit d'emprunter la voie la plus à gauche pour dépasser.

Dépassement interdit en raison des autres usagers.
Il est interdit de dépasser :
- si l'on est sur le point d'être dépassé ;
- si l'usager qu'on veut dépasser a mis son clignotant à gauche (s'il serre à gauche pour tourner à gauche, on peut le dépasser par la droite) ;

- si la place n'est pas suffisante pour se rabattre devant le véhicule dépassé sans le gêner ;

Sur le point d'être dépassé

Pas de place pour se rabattre

- si la largeur de la chaussée est insuffisante pour laisser un intervalle latéral correct ;

Largeur insuffisante

- si l'usager qui précède reste sur la voie de gauche en sens unique ;

Ne pas dépasser par la droite

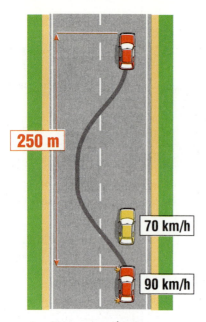

Distance pour dépasser

Manque de visibilité

- à l'approche d'un passage pour piétons si quelqu'un s'y engage ;
- en suivant un autre usager qui dépasse, sauf sur une voie en sens unique ;
- si l'on risque de gêner un usager arrivant en sens inverse.

Attention, quand on roule à 90 km/h, pour dépasser un véhicule qui roule à 70 km/h, il faut au moins 500 m de visibilité sans véhicule en sens inverse pour entreprendre la manœuvre :
. 50 m pour déboîter ;
. 100 m pour dépasser ;
. 100 m pour se rabattre,
soit 250 m auxquels il faut ajouter la distance que fera l'éventuel usager venant en face, c'est-à-dire 250 m s'il roule à 90 km/h.

Dépassement interdit par manque de visibilité.
Si la visibilité ne permet pas de savoir si la voie de gauche restera libre devant assez longtemps, le dépassement est interdit. C'est le cas :
- à l'approche de certains virages ;
- à l'approche d'un sommet de côte ;
- par temps de brouillard, de forte pluie ou chute de neige.

Attention, plus on suit de près le véhicule qu'on veut dépasser, moins on a de visibilité (surtout s'il s'agit d'un poids lourd ou d'une caravane).

• Il est interdit de dépasser :
  - quand un panneau ou un marquage au sol l'interdit ;
  - aux passages à niveau sans barrière ni demi-barrière ;
  - aux intersections où l'on peut avoir à céder le passage ;
  - si l'on risque de gêner un autre usager ;
  - par la droite (sauf un usager qui tourne à gauche) ;
  - sur une chaussée à double sens si la visibilité est insuffisante.

Il est permis de dépasser :
- *aux intersections où les autres usagers doivent céder le passage ;*
- *aux passages à niveau "gardés" (à condition qu'aucun marquage au sol ne l'interdise) ;*
- *seulement les véhicules circulant très lentement en franchissant une ligne discontinue rapprochée remplaçant la ligne continue sur certaines routes sinueuses ;*
- *seulement les deux-roues :*
  . *aux intersections où l'on peut avoir à céder le passage, si la visibilité est suffisante ;*
  . *aux endroits où la visibilité est insuffisante si le dépassement ne nous oblige pas à empiéter sur la voie de gauche ;*
- *plusieurs véhicules en une seule manœuvre, en s'assurant qu'aucun d'entre eux ne va déboîter, et en maintenant le clignotant gauche en fonction.*

Il est indispensable d'avertir les autres usagers avant d'entreprendre un dépassement, pour éviter certains risques :
- l'usager qu'on s'apprête à dépasser pourrait accélérer, faire un écart, tourner à gauche, dépasser lui même ;
- sur une route à 3 voies en double sens, un usager arrivant en sens inverse pourrait s'engager en même temps sur la voie centrale pour tourner à sa gauche ou dépasser, etc.

On avertit assez tôt en mettant le clignotant à gauche.
Au besoin, on utilise le klaxon ou l'appel de phares.

• Dépassements autorisés :

Ligne de dissuasion

Plusieurs véhicules

■ Avertir

Clignotants - avertisseurs

PENDANT LE DEPASSEMENT

■ **Contrôle**

Une dernière fois

■ **Allure**

90 km/h maximum

Au moment de déboîter, faire un contrôle direct à gauche.

Afin de ne pas utiliser trop longtemps la voie de gauche, le dépassement doit être effectué le plus rapidement possible, sans toutefois aller au-delà de la vitesse maximale autorisée. Si l'on roulait auparavant à la même allure que le véhicule à dépasser, il est souvent utile de descendre un rapport de vitesse pour disposer d'une meilleure accélération (reprise).

■ **Espace latéral**

1,50 mètre minimum hors agglomération

Un espace latéral suffisant doit être laissé en passant à côté de l'autre usager, afin d'éviter tout risque en cas d'écart de l'un ou de l'autre. Un mètre cinquante au minimum doit être laissé pour dépasser les usagers "instables" à la campagne :
- deux-roues ;
- piétons ;
- véhicules à traction animale ;
- animaux ;
- tricycles.

■ **Feux**

Voir sans éblouir

De nuit, en suivant un autre usager, on circule en feux de croisement, afin de ne pas l'éblouir par ses rétroviseurs. Dès qu'on est arrivé à sa hauteur, le risque d'éblouissement disparaît : on passe alors en feux de route.

FIN DU DEPASSEMENT

Avant de se rabattre, il faut s'assurer qu'on a laissé un espace suffisant avec le véhicule dépassé. Pour cela, on contrôle qu'il soit visible dans le rétroviseur intérieur.

Il peut être utile d'avertir avant de se rabattre, par exemple si on décide de le faire alors qu'on aurait pu envisager de dépasser d'autres véhicules.
On avertit alors en mettant le clignotant à droite.

■ **Contrôler**

■ **Avertir**

Indispensable si c'est un peu juste

On se rabat progressivement. **Attention**, quand on tire une remorque ou une caravane, il faut tenir compte de la longueur de l'ensemble.

■ **Se rabattre**

PROGRESSIVEMENT

ETRE DEPASSE

Lorsqu'on est sur le point d'être dépassé, certaines précautions doivent être prises :
- garder la même allure afin de ne pas fausser les estimations de l'autre conducteur ;
- serrer à droite pour garder un espace latéral maximum ;
- de nuit, repasser en feux de croisement dès que l'autre conducteur a allumé ses feux de route ;
- si la chaussée est mouillée, mettre les essuie-glaces en vitesse rapide dès que l'autre conducteur arrive à notre hauteur.

Pour ne pas gêner :
Ne pas accélérer et serrer à droite si besoin

RALENTISSEMENTS, BOUCHONS

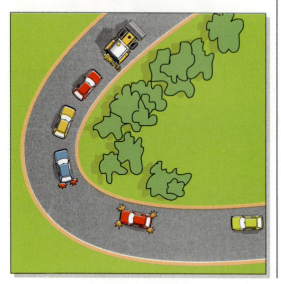

Un ralentissement imprévu peut constituer un risque important de collision en chaîne.
Pour limiter ce risque, quand on arrive sur un "bouchon", il faut avertir le plus tôt possible les usagers de derrière, afin qu'ils aient le temps de s'arrêter.
On allume pour cela le signal de détresse dès qu'on voit le ralentissement, et on l'éteint quand l'usager de derrière a allumé le sien.
Attention, ne jamais s'immobiliser juste après un sommet de côte ou dans un virage, mais s'arrêter avant.

Réfléchir avant d'agir

- Pour dépasser :
  - contrôler devant, derrière, sur le côté ;
  - avertir ;
  - dépasser rapidement en laissant un espace latéral suffisant (au moins 1 m 50 à la campagne pour piétons, deux-roues, etc.) ;
  - se rabattre progressivement quand l'usager dépassé apparaît dans le rétroviseur intérieur.
- Pour être dépassé :
  - garder son allure ;
  - serrer à droite.
- Dernier véhicule d'un bouchon : feux de détresse.

ARRÊT, STATIONNEMENT

Sur route, la présence d'un véhicule immobilisé risque de surprendre ou de gêner les autres usagers.

Pour limiter les risques, on doit s'arrêter ou stationner :
- **Sur l'accotement** pour ne pas encombrer la chaussée.
- **A droite** pour ne pas avoir à traverser la chaussée pour se garer, puis pour repartir.
Il est permis, si aucun marquage au sol ne l'interdit, de stationner sur l'accotement de gauche quand celui de droite est impraticable.

L'arrêt et le stationnement sont interdits quand ils sont gênants ou dangereux.

Gênant :
- A la hauteur d'une ligne continue, on obligerait les autres usagers à franchir la ligne ;
- A proximité d'un panneau, on risque de masquer la signalisation ;
- Devant les entrées de propriétés, on gênerait l'accès ou la sortie des véhicules (l'arrêt est toléré) ;
- Aux emplacements réservés à l'arrêt des cars, on les obligerait à s'arrêter sur la chaussée.

■ Précautions

A droite sur l'accotement

■ Interdictions

Ne pas cacher la signalisation

Virage sans visibilité

Dangereux.
Lorsque la visibilité est insuffisante, l'arrêt et le stationnement sont interdits à proximité :
- des virages ;
- des sommets de côte ;
- des intersections ;
- des passages à niveau.

Interdit par le panneau

Signalisation.
Dans certains cas, des panneaux interdisent l'arrêt ou le stationnement.
L'interdiction s'applique sur l'accotement comme sur la chaussée ; elle commence au niveau du panneau, et s'étend jusqu'au signal de fin d'interdiction correspondant, ou jusqu'à la prochaine intersection.

- S'arrêter ou stationner autant que possible :
  - à droite ;
  - sur l'accotement.
- Ne pas s'arrêter ou stationner si :
  - l'on gêne d'autres usagers ;
  - l'on risque de provoquer un accident.

Avant d'entreprendre un voyage, il est très utile de préparer son parcours : on évite ainsi certaines difficultés et des retards, sources de risques.

PRÉPARER ET SUIVRE UN ITINÉRAIRE

LIRE UNE CARTE

Une carte routière permet de préparer son itinéraire avant de partir, et aussi de se repérer sur le terrain.
Chaque carte comporte une légende qui indique la signification des couleurs et du type de trait employé pour identifier les routes.
Par exemple :
- trait double pour une autoroute ;
- trait rouge pour une route nationale ;
- trait jaune pour une départementale ;
- trait bleu pour un cours d'eau, etc.

On trouve aussi des symboles qui peuvent aider à se repérer : aéroport, site touristique, etc.

L'échelle permet d'évaluer les distances.
Par exemple, une échelle de 1/200 000 signifie que 1 cm sur la carte correspond à 2 km sur le terrain.

Des indications de distances figurent sur les cartes.

■ **Echelle**

Pour évaluer les distances

■ **Autres indications**

Les cartes indiquent aussi :
- les localités ;
- le numéro des routes ;
- le relief ;
- les voies ferrées, etc.

S'INFORMER

Pour éviter les bouchons

L'itinéraire étant préparé, avant de partir, il est également bon de se renseigner sur les conditions de circulation et l'état de la route : trafic, travaux, météo.
On évite ainsi :
- de se retrouver dans des bouchons qu'on aurait pu éviter en partant un peu plus tôt ou plus tard ;
- d'être retardé par des travaux qu'on aurait pu contourner ;
- de rester immobilisé faute de pneus à crampons ou de chaînes à neige, etc.

Outre les informations générales (radio, télévision, journaux), on peut obtenir des précisions sur un itinéraire par téléphone ou minitel.

■ **Téléphone**

Centres d'information routière 24 h /24 :

BORDEAUX	05.56.96.33.33
ILE DE FRANCE	01.48.99.33.33
LILLE	03.20.47.33.33
LYON	04.78.54.33.33
MARSEILLE	04.91.78.78.78
METZ	03.87.63.33.33
RENNES	02.99.32.33.33

■ **3615 MICHELIN**

c'est facile (2,23F/min)

Un service télématique vous permet d'obtenir un itinéraire détaillé pour voyager en France et à travers l'Europe.
Vous disposez de 5 types d'itinéraires différents pour répondre au mieux à vos critères : par autoroute avec le coût des péages ou évitant les péages, le plus court, le plus rapide ou tout simplement celui que vous conseille personnellement Michelin.

■ **3617 MICHELIN**

c'est pratique (5,57F/min)

Si vous disposez d'un fax, toute cette information personnalisée peut vous parvenir immédiatement. Vous disposez ainsi des conseils les plus récents pendant votre trajet.

■ **3623 MICHELIN**

c'est rapide (5,57F/min)

■ **MICHELIN sur INTERNET**

Retrouvez également sur Internet, le calcul d'itinéraires Michelin avec la carte de votre trajet et une feuille de route complète et précise :
http://www.michelin-travel.com

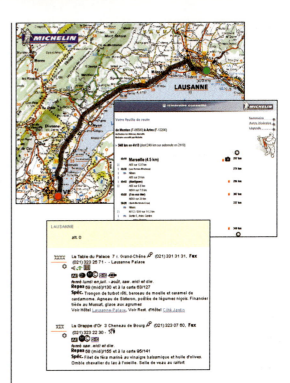

SIGNALISATION

Sur le terrain pour suivre l'itinéraire choisi, on se réfère :
- *aux panneaux de direction et de localisation ;*
- *aux cartouches qui les accompagnent et indiquent le numéro des routes.*
(voir chapitre signalisation)

■ Itinéraires bis et de substitution

Ces itinéraires permettent de décharger les principaux axes en période de fort trafic.
Un itinéraire bis *double une route principale sur une grande distance, et permet de voyager plus tranquillement.*
Plus court, il sert à contourner une zone où il y a souvent des bouchons ou des ralentissements de manière à la délester.
Ces itinéraires sont indiqués par une signalisation unique à fond jaune entouré de noir et comportant la mention "BIS".

Présignalisation

Signalisation de direction avec indication de ville

Un itinéraire de substitution
est un itinéraire associé à un réseau autoroutier qui est utilisé quand l'autoroute connaît des perturbations.

Signalisation de position

Signalisation de jalonnement

- Pour utiliser une carte : lire la légende.
- Echelle 1/ 200 000 : 1 cm pour 2 km.
- Trafic, météo, état de la route : se renseigner par téléphone ou minitel.
- Une pause au moins toutes les deux heures.

Evaluation

■ L'accès aux routes pour automobiles est interdit à certains usagers. Lesquels ?

■ 1
Les piétons . . . . ❑
Les cyclistes . . . . ❑
Les motos . . . . ❑
Les poids lourds . . . . ❑

■ Sur une route à 3 voies en double sens de circulation, pour tourner à gauche, dans quelle voie faut-il se placer ?

■ 2
. . . .
. . . .
. . . .

■ Hors agglomération, deux véhicules de plus de 7 m de long se suivent à la même vitesse. Quel intervalle minimum doivent-ils laisser entre eux ?

■ 3
. . . .
. . . .
. . . .

■ Comment peut-on évaluer la vitesse d'un autre usager ?

■ 4
. . . .
. . . .
. . . .

■ Il peut y avoir un obstacle sur la chaussée masqué par un virage ou un sommet de côte. Que peut-on faire pour réduire les risques d'accident liés à un tel obstacle ?

■ 5
. . . .
. . . .
. . . .

Evaluation

■ Dans un virage, de quels éléments la force centrifuge dépend-elle ?

■ 6
Rayon du virage. . . . . ❑
Adhérence. . . . . ❑
Poids du véhicule . . . . ❑
Carré de la vitesse . . . . ❑

■ Sur une route étroite à forte déclivité, si l'un des usagers doit s'arrêter pour permettre le croisement, quel est celui qui doit s'arrêter ?

■ 7
. . . .
. . . .
. . . .

■ Le dépassement est toujours interdit lors du franchissement d'une intersection.

■ 8
Vrai . . . . ❑
Faux . . . . ❑

■ Citez deux cas où il est interdit de dépasser en raison des autres usagers.

■ 9
. . . .
. . . .
. . . .

■ Pour dépasser un véhicule à deux ou trois roues, quel espace latéral minimum doit-on laisser ?

■ 10
. . . .
. . . .
. . . .

■ Réponse 1 : *Les piétons*
Les cyclistes

■ Réponse 2 : *Sur la voie du milieu.*

■ Réponse 3 : *50 mètres minimum.*

■ Réponse 4 : *Par des coups d'œil successifs (pour apprécier son déplacement).*

■ Réponse 5 : *Ralentir pour pouvoir s'arrêter.*
Avertir.

■ Réponse 6 : *Rayon du virage.*
Poids du véhicule
Carré de la vitesse

■ Réponse 7 : *L'usager qui descend.*

■ Réponse 8 : *Faux.*

■ Réponse 9 : *Sur le point d'être dépassé.*
Pas de place pour se rabattre.
Véhicule en sens inverse.
Véhicule ne serrant pas assez à droite.

■ Réponse 10 : *1,50 mètre.*

CORRECTION

185

AUTOROUTE 8

AUTOROUTE

L'autoroute est conçue pour permettre à un plus grand nombre de véhicules de se déplacer rapidement et avec plus de sécurité.

On n'y conduit pas exactement comme sur une simple route, c'est pourquoi il est indispensable d'en connaître les règles particulières.

GÉNÉRALITÉS

DEFINITION

L'autoroute se caractérise par :
- 2 chaussées séparées ;
- pas d'intersection à niveau, les autres routes passent au dessus ou au dessous ;
- entrées et sorties aménagées ;
- accès réservé à certains usagers ;
- pas de virages serrés.

Les principales différences par rapport aux autres routes concernent la vitesse, la signalisation, l'arrêt, le stationnement et les manœuvres.

2 chaussées séparées
pas d'intersection

RESEAU FRANÇAIS

■ **Longueur**

Le réseau autoroutier français (autoroutes de dégagement autour des grandes villes et autoroutes de liaison) a une longueur totale d'environ 8 800 km, soit moins de 1 % de l'ensemble des réseaux.

Mais les autoroutes supportent plus de 15 % du trafic.
Elles contribuent au développement des régions en favorisant la communication et les échanges avec souplesse et rapidité.

1998 : 8 800 km

■ Sécurité

3 fois moins de tués

■ Coût

50 000 000 F le km

La sécurité est meilleure sur autoroute que sur le reste du réseau, en raison notamment de la qualité de ses équipements : environ 3 fois moins de tués à kilométrage équivalent.

En moyenne, 1 km d'autoroute en plaine coûte 50 000 000 Francs. Afin de développer rapidement le réseau autoroutier malgré son coût élevé, on a recours au péage.

- Autoroute : 1 % du réseau, 15 % du trafic.
- 3 fois moins de tués que sur les autres routes à kilométrage équivalent.

DE LA ROUTE À L'AUTOROUTE

JALONNEMENT VERS L'AUTOROUTE

Sur route, les signaux qui indiquent la direction à suivre pour rejoindre l'autoroute comportent le symbole de l'autoroute. Lorsque l'autoroute est payante, la mention "Péage" figure sur les panneaux.

■ **Symbole de l'autoroute**

Chaque autoroute est identifiée par la lettre "A" suivie d'un numéro. Cela permet de la repérer sur les cartes et sur les différents signaux. Certaines autoroutes ont aussi un nom : l'Océane, l'Aquitaine, l'autoroute de l'Est, etc.

Accès à l'autoroute A10 à 12 km

ACCES A L'AUTOROUTE

■ **Certains usagers seulement**

L'autoroute est conçue pour des liaisons rapides. Elle est donc réservée aux véhicules qui peuvent circuler à une allure soutenue. Des usagers particulièrement encombrants ou circulant à allure très faible constitueraient une gêne et un danger pour les autres.

Pour un trafic homogène

L'ACCÈS EST DONC INTERDIT AUX :
- PIÉTONS ;
- CYCLES ;
- CYCLOMOTEURS ET VOITURETTES ;
- TRICYCLES ET QUADRICYCLES À MOTEUR ;
- ANIMAUX ET VÉHICULES À TRACTION ANIMALE ;
- TRANSPORTS EXCEPTIONNELS ;
- VÉHICULES AGRICOLES ET DE TRAVAUX PUBLICS ;
- VÉHICULES NE POUVANT ROULER À PLUS DE 40 km/h.

Il existe des dérogations pour les véhicules des forces de Police ou Gendarmerie et pour les engins utilisés pour l'entretien ou les travaux de l'autoroute.

■ Barrières de péage

Arrêt obligatoire

Prendre un ticket

Lorsque l'autoroute est payante, diverses installations se trouvent à l'entrée ou à la sortie pour acquitter le montant du droit de passage. On trouve d'abord des signaux annonçant qu'on devra s'arrêter au poste de péage. Il faut alors choisir un couloir surmonté d'une flèche verte et d'un symbole correspondant au véhicule qu'on conduit.
En entrant, le plus souvent on doit prendre un ticket à un distributeur automatique pour payer à la sortie. Il arrive aussi qu'on doive payer directement, soit à un employé, soit en introduisant de la monnaie dans un appareil automatique (dans ce dernier cas, il existe toujours un poste avec du personnel pour les usagers qui n'ont pas de monnaie). **Attention**, le feu passe au rouge à chaque véhicule ; il repasse au vert dès qu'on a pris le ticket (ou payé).

- Accès interdit aux usagers non immatriculés, voiturettes, tricycles et quadricycles à moteur, véhicules roulant à moins de 40 km/h.
- Péage : mention "Péage" sur les panneaux d'accès, arrêt obligatoire au poste de péage.

Règles de circulation

PANNEAU D'ENTREE

Le panneau d'entrée d'autoroute implanté sur la bretelle d'accès indique l'endroit où commencent à s'appliquer les règles particulières à l'autoroute.

Entrée d'autoroute

BRETELLE D'ACCES

La bretelle d'accès raccorde le réseau routier à l'autoroute. Elle se termine par une voie d'accélération permettant d'atteindre une vitesse suffisante avant de s'insérer dans la circulation.

On doit entrer en cédant le passage, sans gêner les usagers qui circulent sur l'autoroute.

Céder le passage en entrant

MARCHE NORMALE

■ Vitesse maxi.

De 50 km/h à 130 km/h suivant les conditions

La vitesse maximale est normalement limitée à 130 km/h.
Cependant, elle est limitée à :
- 110 km/h pour les titulaires du permis de conduire depuis moins de 2 ans.
- 110 km/h par temps de pluie ou autres précipitations, pour tenir compte de la diminution de l'adhérence et de la visibilité ;
- 110 km/h sur les sections en zone urbaine en raison de l'importance du trafic et du nombre d'entrées et de sorties. La vitesse est alors signalée par panneaux. Par temps de pluie, elle est abaissée à 100 km/h ;
- 50 km/h lorsque la visibilité est inférieure à 50 m.
La vitesse peut aussi être abaissée par endroit, en raison de travaux par exemple.

■ Vitesse mini.

80 km/h au moins sur la voie de gauche

Pour ne pas surprendre ni gêner les autres usagers, il est interdit de circuler à allure anormalement réduite sans raison valable.
En cas de problème mécanique par exemple, il faut gagner la bande d'arrêt d'urgence et signaler son véhicule à l'aide du signal de détresse.

Par temps clair et lorsque le trafic est fluide, il est interdit d'emprunter la voie de gauche à moins de 80 km/h.

Position sur la chaussée

On circule normalement sur la voie de droite. Les autres voies sont réservées au dépassement. La bande d'arrêt d'urgence située à droite n'est pas une voie de circulation : elle est réservée aux usagers en panne ou à la circulation des véhicules de secours ou de service. Dans certaines montées importantes, une voie supplémentaire est ajoutée à droite pour les véhicules lents. Elle doit être obligatoirement utilisée par les véhicules dont la vitesse à cet endroit est inférieure à 60 km/h, afin de ne pas gêner les autres usagers.

Circulation à droite sauf pour dépasser

Afin de limiter les risques de carambolage et pour un meilleur confort de conduite, il est utile de laisser un intervalle important en suivant un autre usager. On considère qu'il ne faut pas s'en approcher à moins de "2 secondes".

A 90 km/h, on parcourt 50 m en deux secondes, à 130 km/h environ 75 m.

La ligne qui délimite la bande d'arrêt d'urgence mesure 38 m et l'espace 14 m donc voir 2 lignes c'est 90 m d'espace.

Suivre un usager

A 130 km/h : trop près

A 130 km/h : bien

■ Circuler en files

Quand la circulation est dense, elle s'établit parfois en files ininterrompues sur toutes les voies. Chacun doit alors rester dans sa voie.
Il est cependant permis de regagner la voie de droite pour préparer une sortie, une bifurcation ou accéder à une aire de service.

Rester dans sa voie

- En entrant sur autoroute : céder le passage.
- Vitesse maxi sans signalisation :
    . moins de 2 ans de permis : 110 km/h ;
    . plus de 2 ans de permis : 130 km/h, (110 par temps de pluie) ;
    . visibilité inférieure à 50 m : 50 km/h.
- Vitesse mini voie de gauche : 80 km/h.
- Suivre un usager : intervalle de 2 secondes.

DEPASSEMENT

Sur autoroute, les risques sont surtout liés aux véhicules arrivant derrière et à celui qu'on dépasse. Le dépassement s'effectue toujours par la gauche.

Par la gauche

- *Contrôler loin derrière : est-on sur le point d'être dépassé ? Si un véhicule se rapproche rapidement, il vaut mieux attendre.*
- *S'assurer que le véhicule précédant ne va pas lui-même dépasser.*
- *Prévenir à l'aide du clignotant (et au besoin de l'avertisseur sonore ou lumineux).*

■ **Avant**

Contrôler derrière et avertir

■ **Pendant**

- *Gagner la voie située immédiatement à gauche du véhicule à dépasser assez longtemps à l'avance.*
- *Ne pas serrer trop près l'usager dépassé et s'assurer qu'il ne va pas lui-même déboîter.*

Quand on dépasse un véhicule encombrant (camion, car, etc.), il se produit une turbulence au moment où l'on arrive près de l'avant du véhicule. Il convient de laisser un intervalle latéral suffisant et de tenir plus fermement le volant. Le dépassement de plusieurs véhicules en une seule manœuvre est permis, mais il faut s'assurer en permanence :
  - *qu'on ne gêne pas un usager plus rapide arrivant derrière ;*
  - *qu'aucun des véhicules qu'on dépasse ne va lui-même déboîter pour dépasser.*

Garder ses distances

Observer les autres usagers

■ **Après**

- *Se rabattre progressivement quand le véhicule apparaît dans le rétroviseur intérieur.*

Revenir à droite progressivement

■ Véhicule de plus de 7 mètres

Interdiction d'utiliser la 3ème voie

Si l'autoroute comporte plus de 2 voies, les véhicules de plus de 7 m de long ou de plus de 3,5 t de P.T.A.C. ne peuvent utiliser que les 2 voies les plus à droite.

- Avant de dépasser :
  - s'assurer que le véhicule de devant ne va pas lui-même dépasser ;
  - contrôler loin derrière et sur le côté ;
  - avertir.
- Dépasser par la gauche uniquement.

BIFURCATION

Il est possible de changer de direction autoroutière à une bifurcation (l'autoroute se sépare en deux) et parfois à une jonction (deux autoroutes se rejoignent pour n'en faire qu'une).

■ Signalisation

Annonce

Les endroits où l'on peut changer de direction sont indiqués assez longtemps à l'avance pour laisser au conducteur le temps de préparer sa manœuvre.
Un panneau annonce la bifurcation.

Un ou deux kilomètres avant
l'embranchement, un panneau
d'avertissement indique,
pour chacune des directions,
le numéro de l'autoroute et la ville
terminus desservie.
Si la voie de droite se sépare
des autres : elle est réservée aux
usagers qui veulent prendre
la branche de droite (bifurcation
avec affectation de voie).

- Le panneau d'**avertissement**
  comporte un croquis montrant
  que la voie de droite sert
  seulement à tourner à droite.

Avertissement

- Les panneaux de
  présignalisation sont placés au
  dessus des voies à l'endroit où
  doit s'effectuer le choix de
  la direction.

Présignalisation

- La **signalisation avancée** est
  placée au-dessus de la chaussée,
  à l'endroit où se séparent les
  voies.

Signalisation avancée

- Après la bifurcation, un panneau
  de **confirmation** rappelle
  le numéro de l'autoroute sur
  laquelle on se trouve, ainsi que
  les villes desservies
  et les distances auxquelles
  elles sont situées.

Confirmation

■ Procédure

Se placer le plus tôt possible

*En raison des vitesses pratiquées sur autoroute, les changements de direction doivent se préparer longtemps à l'avance pour éviter toute manœuvre brusque.
Il faut donc avoir établi son itinéraire, et, dès l'annonce de la bifurcation, repérer la direction à suivre.
A partir du panneau d'avertissement ne plus entreprendre de dépassement, si l'on doit bifurquer vers la droite.
Il faudra ensuite contrôler la circulation vers l'arrière et avertir (clignotant).*

- Pour changer de direction :
  - repérer s'il y a ou non une voie réservée uniquement à la direction choisie ;
  - avertir longtemps à l'avance ;
  - ne pas ralentir avant d'être sur la voie de décélération.

MANŒUVRES INTERDITES

Demi-tour
Marche arrière
Circulation sur la
Bande d'arrêt d'urgence

*En raison des vitesses pratiquées, toute manœuvre qui peut surprendre ou gêner les autres usagers risque de provoquer un accident grave.
Il est donc interdit :*
  - *de faire demi-tour ;*
  - *de traverser le terre-plein central, même en empruntant un espace aménagé ;*
  - *d'effectuer une marche arrière, même sur la bande d'arrêt d'urgence ;*
  - *de circuler sur la bande d'arrêt d'urgence.*

ARRET ET STATIONNEMENT

On peut être amené à stationner sur le réseau autoroutier pour se reposer, manger, ravitailler le véhicule, changer de conducteur, etc.

Pour des raisons de sécurité, le stationnement doit toujours se faire sur des emplacements spécialement aménagés à l'écart des voies de circulation : aires de repos ou aires de service.

■ Stationnement volontaire

Stationner sur les aires de repos

■ Arrêt d'urgence

On appelle arrêt d'urgence l'immobilisation due à une panne ou à une situation qui empêche de continuer jusqu'à la prochaine aire de stationnement (crevaison, etc.). Dans ce cas, le conducteur doit gagner la bande d'arrêt d'urgence, signaler son véhicule et prendre toutes les mesures pour que l'immobilisation soit aussi courte que possible.

Feux de détresse ou triangle

- Il est interdit :
  - de faire demi-tour ;
  - de faire marche arrière ;
  - de traverser le terre-plein central ou de s'y immobiliser ;
  - de circuler ou de stationner sur la bande d'arrêt d'urgence (sauf en cas d'urgence) ;
  - de s'arrêter ou stationner en dehors des endroits spécialement aménagés.

RISQUES PARTICULIERS

BAISSE DE LA VIGILANCE

■ Risques

Rouler longtemps provoque une fatigue physique et nerveuse ; le corps s'engourdit à force de rester dans la même position.

Baisse de vigilance : 1 accident mortel sur 4

Le conducteur a peu de choses à faire sur autoroute. De plus, le paysage est souvent monotone, le ronronnement du moteur aussi. Il en résulte une baisse de l'attention.

Tout cela entraîne automatiquement une diminution de la vigilance qui peut aller jusqu'à l'endormissement. Sur autoroute, 1 accident mortel sur 4 est lié à la fatigue et à l'endormissement.

■ Pauses

Toutes les 2 heures

Il est inutile de lutter contre le sommeil.
Il est préférable et plus agréable de s'arrêter régulièrement (faire des pauses), avant même les premiers signes de fatigue : on limite ainsi les risques et on arrive en meilleure forme. Prévoir au moins une pause toutes les 2 heures.
Pour remplir son rôle réparateur, la pause doit être l'occasion de se détendre, s'oxygéner, se restaurer, se dégourdir les membres.

■ Ralentissements et bouchons

Si la circulation se ralentit brutalement ou s'arrête (bouchon), le risque de carambolage est important. On le réduit aisément :
- en laissant un intervalle de sécurité plus important avec le véhicule qu'on suit ;
- en avertissant les usagers qui suivent à l'aide du signal de détresse dès qu'on décèle le ralentissement.

Dernier d'une file = signal de détresse

- Fatigue sur autoroute : 1 accident mortel sur 4.
- Pour limiter les risques :
  - s'arrêter aux premiers signes de fatigue ;
  - faire au moins une pause toutes les 2 heures.
- Bouchon :
  - laisser un intervalle de sécurité important ;
  - allumer le signal de détresse si l'on est le dernier de la file.

PROBLEMES MECANIQUES

A vitesse élevée, un problème technique peut avoir des conséquences dramatiques (perte de contrôle suite à l'éclatement d'un pneu par exemple).

On peut limiter les risques :
- en préparant le véhicule avant de partir :
  . vérification de tous les niveaux ;
  . contrôle de la pression des pneus (qui doit être supérieure de 200 à 300 g à la pression normale, surtout si la voiture est chargée).

■ Eviter la panne

Pauses : penser aussi à la voiture

Laisser refroidir. Nettoyer les vitres...

■ En cas de panne

Signaler le véhicule, prévenir pour dégager rapidement

- en adaptant sa conduite :
  . contrôler fréquemment les instruments de bord (température, carburant, etc.) ;
  . ne pas rouler à haut régime en continu.
- en profitant des pauses pour :
  . laisser refroidir le véhicule ;
  . jeter un coup d'œil de routine : fonctionnement des feux, arrimage des bagages, pression apparente des pneus ;
  . ravitailler en carburant et nettoyer le pare-brise.

Procédure pour s'arrêter :
. contrôler, avertir et regagner la voie de droite si possible avant d'avoir perdu de la vitesse ;
. si la bande d'arrêt d'urgence est libre, l'utiliser comme voie de décélération et allumer le signal de détresse ;
. serrer le véhicule à droite au maximum.

Pendant l'immobilisation :
. renforcer si possible la signalisation par un triangle de présignalisation ;
. veiller à ce qu'aucun passager ne s'approche de la chaussée ;
. si l'on ne peut pas repartir rapidement par ses propres moyens, utiliser une borne d'appel d'urgence. Il y en a une tous les 2 km, la plus proche est indiquée par des panneaux. Son usage est gratuit, et nous met directement en relation avec la Gendarmerie de l'autoroute.

Procédure pour repartir :
- utiliser la bande d'arrêt d'urgence comme voie d'accélération ;
- éteindre le signal de détresse.

- Avant de partir, vérifier les pneus et les niveaux.
- En roulant, contrôler les voyants et cadrans.
- En cas de panne :
  - contrôler, avertir, quitter les voies de circulation ;
  - utiliser les bornes d'appel d'urgence (gratuit) ;
  - repartir en utilisant la bande d'arrêt d'urgence comme une voie d'accélération.

SORTIE D'AUTOROUTE

SIGNALISATION

Les sorties sont annoncées assez longtemps à l'avance pour laisser au conducteur le temps de préparer sa manœuvre.

Un ou deux kilomètres avant, un panneau d'avertissement indique la sortie et son numéro.
Si la voie de droite continue tout droit, à l'échangeur on trouvera une voie de décélération pour les usagers qui veulent sortir (sortie sans affectation de voie).

- Le panneau d'**avertissement** comporte un croquis montrant que la voie de droite permet de continuer tout droit ou de tourner à droite.

Annonce

Avertissement

Présignalisation

- Le panneau de **présignalisation** comporte dans le premier registre (rectangle du haut) le numéro et la distance de l'échangeur, les autres registres indiquent les villes desservies.

Signalisation avancée

- La **signalisation avancée** est placée au début de la voie supplémentaire de décélération permettant de sortir.
Le registre du haut comporte le numéro de l'échangeur et une flèche oblique orientée vers la droite.
Les autres registres indiquent les villes desservies.

PROCEDURE

Sortir sans gêner

En raison des vitesses pratiquées sur autoroute, les sorties doivent se préparer longtemps à l'avance pour éviter toute manœuvre brusque.
Il faut donc avoir établi son itinéraire, et dès l'annonce de la sortie choisie, repérer la direction à suivre.
A partir du panneau d'avertissement, regagner la voie de droite le plus tôt possible et ne plus entreprendre de dépassement.
Il faudra ensuite contrôler la circulation vers l'arrière, avertir (clignotant à droite), et ne pas ralentir avant d'être sur la voie de décélération.

PEAGE

Si le péage n'a pas été perçu à l'entrée, il le sera à la sortie. Son montant dépend de la catégorie du véhicule et de la longueur du trajet effectué (voir plus haut : "Accès à l'autoroute").
Attention, en cas de perte du ticket, on doit payer le prix correspondant au parcours le plus long.

Le montant dépend du trajet

READAPTATION AU RESEAU ROUTIER

Sortir de l'autoroute, c'est aussi retrouver les difficultés du réseau routier. Il faut donc être particulièrement attentif le temps de se réadapter :
- à la circulation à double sens, en particulier pour les manœuvres de dépassement ;
- à la présence d'autres usagers comme les cyclistes, les véhicules agricoles ou les piétons ;
- aux intersections et régimes de priorités ;
- aux limitations de vitesse, etc.

Les problèmes réapparaissent rapidement

- Pour sortir :
    - repérer s'il y a ou non une voie réservée uniquement à la sortie ;
    - avertir longtemps à l'avance ;
    - ne pas ralentir avant d'être sur la voie de décélération.

EVALUATION

■ A kilométrage équivalent, il y a moins d'accidents et de tués sur les autoroutes que sur les autres routes.

■ 1
Vrai . . . . ❑
Faux . . . . ❑

■ Lorsque la chaussée est sèche et le trafic fluide, quelle est la vitesse minimale obligatoire sur la voie la plus à gauche ?

■ 2
. . . .
. . . .
. . . .

■ Sur les chaussées d'autoroute à trois voies, il est permis de dépasser par la droite.

■ 3
Vrai . . . . ❑
Faux . . . . ❑

■ Citer trois manœuvres interdites sur autoroute.

■ 4
. . . .
. . . .
. . . .

■ Pour circuler longtemps à allure soutenue, il vaut mieux augmenter la pression des pneus :

■ 5
De 20 g à 30 g . . . . ❑
De 200 g à 300 g . . . . ❑
De 2 kg à 3 kg . . . . ❑

■ Dans quel(s) cas peut-on utiliser la bande d'arrêt d'urgence ?

■ 6
. . . .
. . . .
. . . .

■ Pour sortir de l'autoroute, il vaut mieux ralentir :

■ 7
Dès la présignalisation . . . . . . ❏
Avant la signalisation avancée . . . . ❏
Seulement sur la voie de décélération . . . . ❏

CORRECTION

■ Réponse 1 : Vrai

■ Réponse 2 : 80 km/h

■ Réponse 3 : Faux

■ Réponse 4 : Demi-tour
Marche arrière
Traversée du terre-plein central
Stationnement hors parking

■ Réponse 5 : De 200 g à 300 g

■ Réponse 6 : En cas d'impossibilité de continuer jusqu'à la prochaine aire de stationnement (panne, malaise, etc.).

■ Réponse 7 : Seulement sur la voie de décélération

209

NUIT
INTEMPERIES
9

NUIT
INTEMPÉRIES

De nuit, la fréquence et la gravité des accidents augmentent.

Quand la météo est mauvaise, la conduite est plus difficile.

Certaines précautions simples permettent de limiter les risques.

NUIT

Pour être perçu par les autres conducteurs, il est nécessaire d'éclairer son véhicule dès que le jour baisse. Comme on voit moins bien, la vitesse doit être réduite en conséquence.

La nuit, les contrastes diminuent et de nombreux détails visibles de jour échappent alors au conducteur. Par manque de repères, l'appréciation des distances et des vitesses est faussée. Certains usagers peu ou pas éclairés peuvent n'être vus qu'au dernier moment.
Les risques d'endormissement sont plus grands.
Les problèmes de visibilité liés aux intempéries se trouvent accentués.

Circuler
En agglomération on circule normalement en feux de croisement. Il est permis d'utiliser les feux de position seuls si la chaussée est suffisamment éclairée pour être vu et si cet éclairage permet de voir distinctement.
Avertir
Selon le cas, les avertissements lumineux peuvent être donnés en utilisant les feux de croisement ou les feux de route.
Le klaxon ne peut être utilisé qu'en cas d'absolue nécessité.

■ **Risques**

Moins de repères
Moins de détails

■ **En agglomération**

Ville éclairée : feux de croisement ou feux de position

Sur la chaussée le véhicule doit être visible

Stationner
Un véhicule en stationnement sur la chaussée doit être visible des autres usagers. En l'absence d'éclairage ambiant suffisant, on allume donc les feux de position.
Attention, il se peut que l'éclairage public s'éteigne à partir d'une certaine heure.
Lorsque le véhicule est stationné en dehors de la chaussée (sur un parking par exemple), il est inutile de l'éclairer.

■ Hors agglomération

Feux de route : si l'on ne gêne personne

Circuler
On circule normalement en feux de route pour voir le plus loin possible. Afin de ne pas éblouir, on revient en feux de croisement pour croiser ou suivre un autre usager.

Pour éviter d'être ébloui en croisant un véhicule, regarder le bord droit de la route aussi loin qu'il est éclairé.

Les feux de croisement doivent remplacer les feux de route dans les zones suffisamment éclairées.

Feux de croisement : pour ne pas gêner devant et en face

Avertir
Les avertissements lumineux sont donnés par l'allumage intermittent des feux de route et de croisement.

Stationner
Tout véhicule à l'arrêt ou en stationnement doit être placé sur l'accotement. Il n'y a donc pas d'obligation de le signaler.

Pour éclairer efficacement et ne pas éblouir les autres, il est indispensable de faire régler les feux périodiquement.
Certains véhicules sont équipés d'un dispositif de réglage des projecteurs en fonction de la charge.
Il est très utile de posséder une boîte d'ampoules et de fusibles de rechange à bord,
ainsi qu'une torche électrique pour pouvoir remplacer aisément une ampoule qui grille.

APPELS LUMINEUX
=
FEUX DE ROUTE
↕
FEUX DE CROISEMENT

■ **Entretien**

Pour éviter d'être borgne :
une boîte d'ampoules

- Pour voir et être vu, allumer :
  - en agglomération : feux de croisement ou feux de position ;
  - hors agglomération : feux de croisement ou feux de route.
- Adapter la vitesse à la visibilité.
- Faire régler ses feux pour voir sans éblouir.
- Pour avertir : feux de croisement/feux de route.

INTEMPERIES

Lorsque les conditions atmosphériques sont mauvaises, certaines précautions simples permettent de limiter les risques.

BROUILLARD

VOIR ET ETRE VU

Feux de croisement,
feux de brouillard avant et arrière

La visibilité étant réduite, on risque de voir trop tard un obstacle (véhicule lent, en panne, accidenté, etc), ou de ne pas être vu à temps par un autre usager.

Il est donc indispensable d'allumer au moins les feux de croisement. Si le véhicule est muni de feux de brouillard, c'est le moment de s'en servir. De nuit, leur faisceau étalé à l'avant permet de mieux voir les bords de la route, et les feux arrière permettent d'être vu de plus loin.

Pour garder le contrôle de la situation, il faut être capable de s'arrêter dans la zone de visibilité existante. Il est donc nécessaire d'adapter l'allure à la visibilité. **Si cette visibilité est inférieure à 50 m, la vitesse est limitée à 50 km/h.**

ADAPTER L'ALLURE

Ralentir - Augmenter l'espace
50 m de visibilité = 50 km/h maxi

En suivant un autre véhicule, l'intervalle de sécurité doit être considérablement augmenté, surtout si l'on ne voit pas ce qui se passe devant ce véhicule.

Lorsque le brouillard est dense, la conduite nécessite une plus grande attention.
La fatigue visuelle et nerveuse se font sentir plus vite. Il est utile de faire des pauses plus souvent.

PLUIE

La pluie réduit l'adhérence et la visibilité.

Dès que la chaussée est humide, l'adhérence diminue :
- les roues risquent de patiner si on démarre trop brusquement ;
- les distances de freinage augmentent ;
- la voiture tient moins bien la route dans les virages.

La chaussée est particulièrement glissante au début de la pluie, car l'eau se mélange aux poussières pour former une sorte de pellicule de boue.

L'aquaplaning est une perte d'adhérence.
Elle se produit :
- quand la vitesse est trop élevée ;
- quand il y a beaucoup d'eau sur la chaussée ;
- quand les pneus commencent à être usés.

L'aquaplaning intervient plus tôt lorsque ces facteurs s'accumulent.

Lorsqu'il pleut ou que la chaussée est encore mouillée, il faut donc :
- réduire sa vitesse ;
- augmenter l'intervalle de sécurité entre les véhicules ;
- prévoir une distance de freinage plus grande.

■ Adhérence

Pneus usés + Vitesse = Risques d'aquaplaning

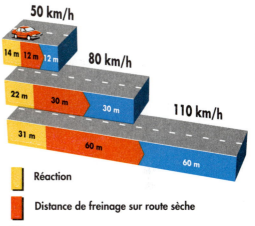

■ Réaction

■ Distance de freinage sur route sèche

■ Distance de freinage supplémentaire sur route mouillée

(Distances exprimées à partir de calculs réels : coef. d'adhérence = 0,8)

■ Visibilité

VOIR ET ETRE VU

Voir : essuie-glaces - désembuage
Etre vu : feux de croisement
feux de brouillard avant
feux rouges arrière

Essuie-glaces   Ventilation   Dégivrage arrière

Pour compenser la réduction de visibilité, allumer les feux de croisement. Les feux de brouillard avant peuvent aussi être utilisés, mais pas les feux de brouillard arrière : ils éblouiraient les conducteurs qui suivent. Utiliser les essuie-glaces en choisissant la vitesse maximum de balayage lors des croisements et des dépassements.
Certains véhicules disposent d'un essuie-glace arrière qu'il convient de mettre en marche périodiquement. Pour éviter la formation de buée sur les vitres, utiliser le système de ventilation en dirigeant les flux d'air vers le pare-brise et les vitres latérales.
Pour la vitre arrière, mettre en œuvre le dispositif de dégivrage/désembuage.

■ Flaques d'eau

Quand on sort d'une voiture on devient piéton !

A allure soutenue, le passage dans une flaque d'eau risque de freiner une roue et de provoquer un écart de direction. Si l'on ne peut pas l'éviter, ralentir et tenir plus fermement le volant.
En passant près des piétons, veiller à ne pas les éclabousser.

- **Brouillard :**
  - Allumer au moins les feux de croisement (feux de brouillard avant et arrière autorisés à la place ou en plus des feux de croisement) ;
  - Augmenter la distance de sécurité ;
  - Adapter la vitesse à la visibilité : 50 m de visibilité ➤ 50 km/h maxi.
- **Pluie :**
  - Mêmes précautions, mais feux de brouillard arrière interdits ;
  - Risque d'aquaplaning : ralentir.

VENT

Un vent violent provoque des écarts de trajectoire, surtout quand on passe d'une zone abritée à une zone exposée, ou quand on dépasse un autre véhicule.
Les caravanes sont particulièrement sensibles au vent.
Un vent violent peut arracher des branches ou déplacer des objets qu'on risque de trouver à la sortie d'un virage par exemple.

On s'aperçoit que le vent souffle fort aux écarts inhabituels du véhicule et aux mouvements des arbres, drapeaux, etc.
Ce panneau de danger indique une zone où un vent latéral souffle fréquemment.
La position des manches à air indique la direction et la force du vent : plus le vent est fort, plus la manche se rapproche de l'horizontale.
Pour limiter les effets du vent, il suffit de réduire la vitesse, et de maintenir plus fermement le volant en arrivant dans les zones exposées.
En dépassant les deux-roues, laisser un espace latéral plus grand pour tenir compte des écarts qu'ils peuvent faire sous l'effet de bourrasques.

■ Risques

Bourrasques = Ecarts

■ Comportement à tenir

Risque de fort vent latéral

Attention aux écarts en dépassant, en passant sous les ponts...

● Vent :
- Ralentir pour limiter les écarts (surtout avec une caravane) ;
- Tenir plus fermement le volant ;
- Attention aux objets sur la chaussée et les trottoirs ;
- Augmenter l'espace latéral avec les deux-roues.

NEIGE ET VERGLAS

■ Visibilité

VOIR ET ETRE VU
=
FEUX DE CROISEMENT
FEUX DE BROUILLARD
AVANT ET ARRIERE

La chute de neige diminue la visibilité : **il convient donc d'allumer au moins les feux de croisement. Les feux de brouillard peuvent aussi être utilisés.**
Utiliser le système de ventilation et de dégivrage (pour éviter la formation de buée sur les vitres) et les essuie-glaces si besoin.

■ Adhérence

conduire sans à-coup

La neige, même fondante, qui tombe sur la chaussée la rend glissante. Le verglas se forme en présence d'humidité quand la température descend à 0°.
Certaines zones favorisent la formation de plaques : sous-bois, ponts, endroits exposés au nord.

La vitesse doit être très réduite, adaptée à l'adhérence, et les intervalles de sécurité augmentés.

0°C + sous-bois = Verglas

Il faut également :
- éviter les accélérations et les freinages brusques ;
- prévoir les arrêts longtemps à l'avance.

Par temps de neige :
- ne pas dépasser les chasse-neige en action ;
- profiter des pauses pour nettoyer les feux.

REPOUSSER LES VOYAGES
SI POSSIBLE

Equipements spéciaux
Les chaînes ne doivent être utilisées que sur les portions de route enneigées. Certains tronçons ne sont praticables que par les véhicules équipés de chaînes.

Lorsque l'usage des chaînes est obligatoire, elles doivent être montées sur au moins deux roues motrices.

Les **pneus-neige** ont des sculptures spéciales qui améliorent l'adhérence sur la neige fraîche.

Pour la neige fraîche et épaisse : des chaînes

Chaînes à neige
obligatoires sur au moins deux roues motrices

Les **pneus à crampons** (pneus à clous) sont efficaces sur le verglas et la neige durcie (tassée ou gelée). Leur usage n'est permis que du samedi précédant le 11 novembre au dernier dimanche de mars.
Il faut en équiper au moins 2 roues motrices du véhicule, et apposer un disque spécial à l'arrière.
La vitesse est limitée à 90 km/h.
Ces restrictions ne s'appliquent pas aux pneus à gomme spéciale dépourvus de clous.

Pneus à clous = Disque et 90 km/h maxi.

- Neige : allumer au moins les feux de croisement (feux de brouillard avant et arrière autorisés).
- Neige ou verglas :
   - Augmenter les distances de sécurité ;
   - Eviter les à-coups ;
   - Adapter la vitesse à la visibilité et à l'adhérence ;
   - Pneus à clous : dates d'utilisation, disque à l'arrière, 90 km/h.

Evaluation

■ Dans quels cas doit-on remplacer les feux de route par les feux de croisement ?

■ 1
....
....
....

■ Hors agglomération, lorsque le brouillard réduit la visibilité à moins de 50 m, la vitesse est limitée à :

■ 2
- 40 km/h .... ❑
- 50 km/h .... ❑
- 60 km/h .... ❑
- 80 km/h .... ❑

■ Quelles sont les conditions qui favorisent l'aquaplaning ?

■ 3
....
....
....

■ Pourquoi faut-il utiliser la ventilation et le dégivrage de glace arrière quand il pleut ?

■ 4
....
....
....

■ Citer trois risques liés à la conduite par grand vent.

■ 5
....
....
....

■ Quelles sont les zones favorables à la formation de plaques de verglas ?

■ 6
....
....
....

■ L'usage des pneus à clous est autorisé :

■ 7
A partir du samedi précédant le 01/11 .... ❏
A partir du samedi précédant le 11/11 .... ❏
Jusqu'au premier dimanche de mars .... ❏
Jusqu'au dernier dimanche de mars .... ❏

CORRECTION

■ Réponse 1 : Croiser un usager, suivre un usager
Chaussée bien éclairée hors agglomération

■ Réponse 2 : 50 km/h

■ Réponse 3 : Vitesse, beaucoup d'eau sur la route
Pneus usés, chaussée plate

■ Réponse 4 : Pour éviter la buée sur les vitres

■ Réponse 5 : Ecarts de trajectoire, objets sur la route
Ecarts des deux-roues

■ Réponse 6 : Sous bois, ponts
Endroits exposés au nord

■ Réponse 7 : du samedi précédant le 11/11 au dernier dimanche de mars

10
ALCOOL
FATIGUE

Alcool
Fatigue

La conduite d'un véhicule exige de nombreuses capacités physiques et intellectuelles. L'alcool, la fatigue, et l'absorption de certaines substances (médicaments, drogues) réduisent ces capacités au point de rendre la conduite dangereuse.

ALCOOL

L'alcoolémie est la présence d'alcool dans l'organisme.
Le taux d'alcoolémie est la proportion d'alcool dans le sang.

EFFETS DE L'ALCOOL

L'alcool consommé sous forme de boisson fermentée (cidre, bière, vin) ou de boisson distillée (eau de vie, pastis, whisky, etc) a des effets sur le conducteur, même si la quantité absorbée est faible. A partir d'un taux de 0,3 g/litre de sang, ces effets se manifestent. L'alcoolémie monte rapidement, 1 h maximum mais diminue très lentement, 0,15 g/l/h en moyenne.

Toutes les boissons alcoolisées ont des effets

■ Perception

Perception
La vision est réduite en largeur, ce qui pose des problèmes de détection d'indices et de position sur la chaussée.
L'appréciation des vitesses et des distances est faussée.
Le temps de récupération après un éblouissement est plus long.
L'audition est perturbée.

Action
La durée du temps de réaction se trouve allongée.
Les gestes sont plus lents, parfois plus brusques, dans tous les cas moins précis.
Il devient difficile de concentrer son attention sur une tâche.

Vision réduite en largeur

Comportement

Le comportement du conducteur se trouve modifié en raison des effets de l'alcool sur la perception, les gestes, mais aussi sur le cerveau. Le conducteur sous-estime les difficultés et les dangers. Alors que ses possibilités sont réduites, il prend des risques qu'il refuserait en temps normal. De plus, il présente rapidement des signes d'euphorie ou d'agressivité.

ALCOOLEMIE ET CONDUITE

0,50 g/l de sang
=
0,25 mg/l d'air
=
contravention

0,80 g/l de sang
=
0,40 mg/l d'air
=
délit

En raison des conséquences dramatiques de l'alcool sur la conduite (voir chapitre "Accidents"), il est interdit de conduire lorsque le taux d'alcoolémie du conducteur atteint le seuil réglementaire. En France, ce seuil est fixé à 0,50 g par litre de sang, ce qui correspond à 0,25 mg par litre d'air expiré. Entre 0,50 g/l et 0,79 g/l, c'est une contravention de 4ème classe ; à partir de 0,80 g/l c'est un délit. Prendre le volant après avoir consommé de l'alcool, même en faible quantité, augmente les risques d'accident.

Contrôle du taux d'alcoolémie

A l'occasion d'un contrôle routier

Tout conducteur peut être soumis à une vérification de son taux d'alcoolémie à l'occasion d'un contrôle routier. Le dépistage est toujours effectué si l'on est impliqué dans un accident corporel ou si l'on commet une infraction grave.

Dépistage

Le dépistage permet de détecter la présence d'alcool dans l'air expiré. Il est effectué à l'aide :
. d'un alcootest : si le réactif chimique vire au vert au delà du repère, le dépistage est positif ;
. d'un éthylotest : le taux d'alcool en mg/l s'affiche directement, au delà de 0,25 le dépistage est positif.

Mesure

La mesure exacte du taux d'alcoolémie est effectuée :
- quand le dépistage est positif ;
- si le conducteur refuse le dépistage, ou s'il est en état d'ivresse manifeste.

La mesure est faite alors à l'aide d'un appareil homologué : l'éthylomètre qui affiche directement le taux exact d'alcool dans l'air expiré.
En cas de doute ou de contestation, une deuxième mesure est effectuée. Quand il n'y a pas d'éthylomètre, ou si le conducteur ne peut pas s'y soumettre (blessures par exemple), on mesure le taux exact d'alcoolémie grâce à une prise de sang.

Le délit de conduite avec un taux d'alcoolémie égal ou supérieur au seuil légal est puni de plusieurs sanctions (voir annexes) :
- Amende : 30 000 F maxi ;
- Prison : 2 ans maxi ;
- Permis de conduire : suspension, annulation, perte de points.

Vert : positif - Jaune : négatif

Ethylotest

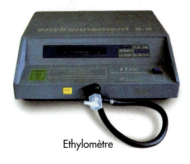

Ethylomètre

■ Sanctions

A partir de 0,50 g/l
- Amende
- Retrait de points

- Effets de l'alcool :
  - vision, audition et gestes perturbés, temps de réaction allongé, euphorie, agressivité, prise de risques.
- A partir de 0,50 g/litre : contravention ; 0,80 g/litre : délit
- Dépistage : alcootest (ballon) ou éthylotest.
- Mesure : éthylomètre ou prise de sang.

FATIGUE

Comme toute activité, la conduite provoque de la fatigue.

CONNAITRE LA FATIGUE

■ Les effets de la fatigue

Evitons les réveils brutaux

Un conducteur fatigué est moins efficace. Il peut devenir dangereux :
- il perçoit tardivement les indices ;
- il analyse lentement ou mal les situations, se montre anxieux, nerveux, quelquefois agressif ;
- il a du mal à prévoir ;
- ses gestes deviennent lents et imprécis ;
- il apprécie mal les vitesses et a tendance à rouler trop vite ;
- il risque de s'endormir.

■ Apparition rapide de la fatigue

Quand on est débutant

Quand les conditions sont mauvaises

La fatigue intervient encore plus rapidement dans certaines conditions.
- Le nouveau conducteur n'a pas encore totalement acquis ses automatismes. Sa conduite exige plus d'efforts, de concentration. Il se fatigue donc plus vite qu'une personne expérimentée.
- Un conducteur en mauvaise forme physique, malade, ou qui part déjà fatigué ne peut pas conduire longtemps.
- La fatigue intervient plus vite quand la conduite nécessite une attention particulière : trafic important, nuit, conditions météo difficiles, parcours inconnu.
- Sur les trajets monotones, la vigilance baisse. Les risques de somnolence et d'endormissement deviennent importants.

LES SIGNES DE LA FATIGUE

■ Reconnaître les signes de fatigue

La fatigue se manifeste de plusieurs façons. Différents signes physiques sont aisément repérables :
- picotement des yeux ;
- paupières lourdes ;
- bâillements ;
- douleurs dans le cou, les épaules ;
- besoin de changer fréquemment de position, etc.

D'autres signes sont liés au comportement du conducteur :
- énervement ;
- pertes d'attention ;
- surprises ;
- réactions tardives.

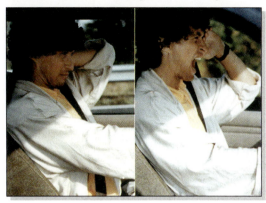

Paupières lourdes, douleurs, etc.

■ Que faire ?

Dès les premiers signes, la conduite est modifiée et les risques d'accident augmentent. Il est donc préférable de s'arrêter et de passer le volant. Si l'on est seul à conduire, une pause est indispensable.
Plus on tarde à la faire, plus la récupération sera longue et plus on prend de risques.

Dormir

LIMITER LA FATIGUE

Des précautions simples permettent de rester efficace plus longtemps.

■ Avant de partir

D'abord ne pas partir fatigué, et prendre le temps de s'installer confortablement au poste de conduite.
Ne pas partir à jeun ni après un repas trop copieux.

REPOS

Pendant le voyage

10 mn de pause toutes les 2 heures

Il est préférable de manger plus souvent, mais en petite quantité.
Il faut boire fréquemment (pas d'alcool bien sûr).
Prévoir des pauses régulières pour se décontracter, s'aérer, se restaurer : au moins dix minutes toutes les deux heures.

- La fatigue allonge le temps de réaction et modifie le comportement.
- S'arrêter dès les premiers signes.
- Une pause de 10 mn au moins toutes les 2 heures.

MEDICAMENTS

Même une maladie bénigne comme le rhume peut avoir une influence sur la conduite : baisse de la vigilance, fatigue, irritabilité.
De plus, certains médicaments ont des effets secondaires qui diminuent les capacités du conducteur.

EFFETS POSSIBLES

Perception

Cela peut même être pire dans certains cas

Les médicaments absorbés peuvent provoquer des problèmes visuels :
- vision trouble ;
- éblouissement, etc.

Des troubles de l'audition peuvent aussi survenir.

Vigilance - Comportement

De nombreux médicaments ont des effets indésirables sur l'attention du conducteur :
- somnolence ;
- étourdissements, vertiges ;
- perte de connaissance.

Certaines substances contenues dans les médicaments peuvent provoquer des modifications dangereuses du comportement du conducteur :
- euphorie ;
- énervement ;
- agressivité, etc.

Le temps de réaction peut être allongé.

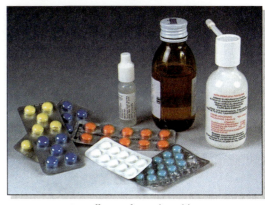

Des effets parfois indésirables

MELANGES DANGEREUX

Des effets secondaires peuvent se manifester lorsque certains produits sont associés à un autre médicament ou à de l'alcool.
Ces effets peuvent être particulièrement aigus et dangereux pour la conduite.

MEDICAMENT
+
ALCOOL
=
MELANGE EXPLOSIF

MISE EN GARDE

Notice du médicament

Les médicaments dont les effets peuvent être gênants ou dangereux pour la conduite mentionnent ce risque sur la notice qui les accompagne. Le conducteur doit donc prendre connaissance de cette notice systématiquement.

PRECAUTIONS D'EMPLOI

L'attention est attiré, notamment chez les conducteurs de véhicules et les utilisateurs de machines, sur les risques de somnolence attachés à l'emploi de ce médicament ; l'absorption d'alcool pendant le traitement est formellement déconseillée.

A lire attentivement

■ Médecin et pharmacien

Interroger le médecin ou le pharmacien

Au moment où le médecin prescrit un médicament, écouter attentivement ses mises en garde.
En cas de doute, ne pas hésiter à lui demander des précisions.
Dans le cas de médicaments non prescrits, interroger le pharmacien : il est en mesure de donner les informations utiles.

Attention,
- *les effets indésirables peuvent se manifester particulièrement en début de traitement ;*
- *sans avis médical, il peut être dangereux d'interrompre un traitement pour pouvoir conduire. En cas de doute, consulter un médecin ou renoncer à conduire.*

Les médicaments susceptibles de provoquer la somnolence ou la perte de vigilance chez les conducteurs devront comporter ce pictogramme.

- Certains médicaments provoquent des troubles :
  - de la perception ;
  - de la vigilance ;
  - du comportement.
- Alcool + médicaments = risques importants.
- Consulter la notice et demander l'avis du médecin.

■ Drogue

Les interactions entre différentes drogues et de l'alcool et pourquoi pas, des médicaments, sont multiples complexes et imprévisibles.
En tout état de cause, elles augmentent considérablement des effets indésirables et néfastes.

*Les drogues comme l'alcool agissent sur le système nerveux et modifient les capacités de perception mais surtout d'analyse. L'utilisation de drogues, même celles dites "douces" (cannabis, haschisch), est donc incompatible avec la conduite.
Tout conducteur impliqué dans un accident mortel de la circulation est soumis à un contrôle de la présence de substances stupéfiantes.*

EVALUATION

■ Les premiers effets de l'alcool sur la conduite commencent à se manifester à partir d'un taux d'alcoolémie de :

■ 1
0,30 g/l de sang .... ❏
0,50 g/l de sang .... ❏
0,80 g/l de sang .... ❏

■ L'absorption d'alcool diminue le temps de réaction.

■ 2
Vrai .... ❏
Faux .... ❏

■ A partir de quel taux d'alcoolémie commet-on un délit si l'on conduit ?

■ 3
....
....
....
....

■ En présence d'alcool, de quelle couleur le réactif chimique de l'alcootest devient-il ?

■ 4
....
....
....
....

■ Par quel(s) moyen(s) mesure-t-on le taux d'alcoolémie exact d'un conducteur ?

■ 5
....
....
....
....

EVALUATION

■ Quel est le montant de l'amende à laquelle s'expose un conducteur qui conduit avec un taux d'alcool dépassant le seuil légal ?

■ 6
....
....
....

■ Un conducteur peut être soumis à un dépistage de l'alcoolémie :

■ 7
- s'il est impliqué dans un accident
.... ❏
- s'il a commis une infraction grave
.... ❏
- à l'occasion d'un simple contrôle routier .... ❏

■ Citez trois conséquences de la fatigue qui présentent des risques pour la conduite.

■ 8
....
....
....

■ Citez trois signes permettant au conducteur de savoir qu'il est fatigué.

■ 9
....
....
....

■ Quel est le temps maximum de conduite entre deux pauses, même si l'on ne se sent pas fatigué ?

■ 10
....
....
....

■ Réponse 1 :   *0,30 g/l de sang*

■ Réponse 2 :   *Faux.*

■ Réponse 3 :   *0,80 g/l de sang ou 0,40 mg /l d'air expiré.*

■ Réponse 4 :   *vert.*

■ Réponse 5 :   *Ethylomètre ou analyse de sang.*

■ Réponse 6 :   *30 000 F au maximum*

■ Réponse 7 :   *Un conducteur peut être soumis à un dépistage de l'alcoolémie :*
- s'il est impliqué dans un accident
- s'il a commis une infraction grave
- à l'occasion d'un simple contrôle routier

■ Réponse 8 :   *Perception tardive, analyse lente des situations, difficultés à prévoir, gestes plus lents et imprécis, mauvaise appréciation des vitesses, endormissement, etc.*

■ Réponse 9 :   *Picotements des yeux, paupières lourdes, bâillements, douleurs au cou, changement fréquent de position, énervement, réactions tardives, etc.*

■ Réponse 10 : *2 heures*

CORRECTION

237

ACCIDENTS 11

ACCIDENTS

Mieux connaître les accidents et leurs origines peut aider à les éviter. Cependant l'accident n'arrive pas qu'aux autres, et il est utile de savoir quoi faire si l'on est impliqué ou simple témoin.

Origines des accidents

ACCIDENT = PLUSIEURS CAUSES

On attribue souvent un accident à une cause unique : par exemple le brouillard, ou la vitesse. L'analyse montre plutôt une accumulation de petits éléments ou facteurs qui rendent l'accident de plus en plus probable : pneus mal gonflés, conducteur fatigué, chaussée glissante, vitesse un peu trop élevée, etc.
Dans ces conditions, la moindre difficulté de circulation devient insurmontable.

La goutte d'eau qui fait déborder le vase

"REAGIR"

Depuis 1983, les accidents graves font l'objet d'enquêtes poussées dans chaque département, afin de déterminer les facteurs d'accident et de proposer des initiatives pour y remédier. (Enquêtes R.E.A.G.I.R.) La synthèse de ces enquêtes a permis :
- de confirmer que l'accident est la conséquence d'une accumulation d'éléments,
- d'identifier les facteurs les plus souvent en cause.

On peut ainsi lutter contre chacun d'entre eux.

■ Connaître les accidents

Pour les éviter

ACCIDENTS : NI HASARD NI FATALITE

Facteurs les plus fréquents mis en évidence dans les études "REAGIR"
ALCOOL
FATIGUE
ETAT PHYSIQUE
VITESSE
MANŒUVRES DANGEREUSES

■ Savoir éviter les risques

Le conducteur peut refuser de prendre des risques et éviter facilement certains facteurs d'accident.
Par exemple :
Facteurs liés au conducteur
  - alcool : renoncer à boire de l'alcool quand on va conduire, ou laisser le volant à quelqu'un qui n'a pas bu d'alcool ;

  - fatigue : renoncer à partir quand on n'est pas en état de conduire, faire une pause dès les premiers signes de fatigue ;

  - code de la route : observer les règles, et notamment :
    . adapter sa vitesse aux circonstances ;
    . contrôler et avertir avant tout changement de trajectoire ;
    . respecter les règles de priorité aux intersections ;
    . tenir compte de la signalisation ;
    . ne pas entreprendre de dépassement hasardeux ;
    . ne pas suivre un usager à moins de "2 secondes", etc.

Savoir passer le volant

Pas de dépassement hasardeux

Facteurs liés au véhicule
- pneus : vérifier fréquemment leur état et leur pression ; les changer à temps ;
- freins, amortisseurs : faire contrôler régulièrement les équipements de sécurité ;
- éclairage : s'assurer souvent qu'aucune ampoule n'est grillée et faire régler les projecteurs périodiquement.

Contrôler les pneus, les feux...

Facteurs liés aux conditions extérieures
- visibilité, trafic : choisir sa vitesse en tenant compte de la situation et des autres usagers ;
- adhérence, virages : adapter sa conduite à la route ;
- nuit, intempéries : utiliser les équipements qui conviennent aux situations (essuie-glaces, feux, pneus spéciaux, désembuage, etc).

S'adapter aux conditions (diverses de circulation)

95 % des accidents mortels ont pour origine un facteur humain
C'est par une modification du comportement des conducteurs qu'on peut espérer diminuer de façon significative le nombre des accidents.

CONDUIRE EN SECURITE
C'EST
REFUSER LE RISQUE

- Un accident = plusieurs facteurs.
- Alcool : plus de 30 % des tués sur la route.
- Pour diminuer le nombre des accidents : refuser les risques, changer son comportement.

STATISTIQUES

BILAN

■ Circulation routière 1998

■ Répartition des tués

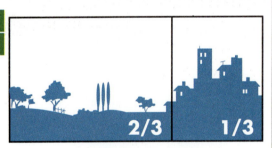

18-25 ans la population la plus touchée

Accidents :
124 400, soit 341 par jour.
Blessés :
168 500, soit 462 par jour.
Tués :
8 437, soit 23 par jour.

Jour/Nuit
Alors que les 3/4 du trafic se font de jour, les accidents nocturnes provoquent la moitié des tués.

En/Hors agglomération
Les accidents sont plus nombreux en ville, mais plus graves hors agglomération (2/3 des tués), notamment en raison des vitesses pratiquées.

Types d'usagers
Par rapport aux kilométrages effectués, les piétons et les deux roues sont particulièrement touchés. Ce sont des usagers fragiles, particulièrement les enfants et les personnes âgées.

Piétons	14 %
Deux-roues	20 %
Voitures de tourisme	62 %
Véhicules lourds	4 %

Age des victimes
C'est dans la tranche des 18/25 ans qu'on trouve le plus de victimes.

EVOLUTION

Après un maximum atteint en 1972 (16 600 tués), le nombre des victimes de la route s'est stabilisé aux alentours de 8 000 tués. Dans le même temps le trafic a augmenté considérablement. L'amélioration de la sécurité passe désormais, essentiellement par une modification du comportement des usagers.

COUT DES ACCIDENTS

■ Coût humain

Un accident, c'est avant tout un drame pour un individu, une ou plusieurs familles. Ce sont souvent des souffrances physiques importantes et des handicaps lourds. Ces drames humains sont d'autant plus cruels qu'ils frappent souvent des innocents et que la plupart des accidents sont évitables.

Un drame humain

■ Coût financier

L'ensemble des dépenses annuelles liées aux accidents de la circulation routière en France s'élève à 150 milliards de Francs. Ces sommes sont versées par l'intermédiaire des cotisations sociales, des impôts, des primes d'assurance.

150 000 000 000 F/An
=
3 FOIS LE DÉFICIT CUMULÉ DE LA SÉCURITÉ SOCIALE

- Accidents de la route : 1 tué toutes les heures
- Répartition des tués :
  - 1 tué sur 2 la nuit ;
  - les 2/3 des tués hors agglomération ;
  - les 18/25 ans particulièrement touchés.

En cas d'accident

ACCIDENT CORPOREL

■ Comportement

S'arrêter pour...

Porter assistance

En présence d'un accident corporel, que l'on soit impliqué ou simple témoin, il est indispensable de s'arrêter pour porter assistance si besoin et assumer ses responsabilités.

Impliqué
Si l'on est impliqué dans un accident, on doit s'arrêter immédiatement et donner son identité aux autres impliqués, même si l'on n'a pas subi de dégâts. Dans le cas contraire, on commettrait un délit de fuite (à ne pas confondre avec le refus d'obtempérer : refus d'obéir à l'ordre de s'arrêter donné par un agent).

Témoin
Si l'on arrive sur les lieux d'un accident alors que les secours ne sont pas encore organisés, il faut porter secours aux victimes. Dans le cas contraire, on commettrait un délit de non-assistance à personne en péril. Si l'on a assisté à l'accident, il faudra ensuite apporter son témoignage.

Placer son véhicule assez loin
pour ne pas gêner l'approche
des secours, et baliser les lieux
pour éviter un deuxième accident.
Pour cela, utiliser :
- feux de détresse ;
- triangle de présignalisation ;
- véhicule éclairant les lieux ;
- personnes faisant des signes, etc.
Pour éviter les risques d'incendie,
ne pas fumer à proximité, et couper
le contact des véhicules accidentés.
Un début de feu de carburant
s'éteint, faute d'extincteur,
avec une couverture ou du sable.

Prévenir ou faire prévenir aussitôt
les secours en composant le 15,
le 17 ou le 18 (les numéros sont
indiqués sur le poste téléphonique
ou dans la cabine).
Pour utiliser les bornes d'appel
d'urgence, il suffit de suivre
les indications qui figurent dessus.
L'appel est gratuit.

Le message doit être clair et indiquer
au moins :
- le lieu aussi précis que possible
  de l'accident ;
- le nombre et l'état apparent des
  blessés, en précisant s'ils sont ou
  non prisonniers des véhicules ;
- le nombre et le type de véhicule
  en cause (si un véhicule impliqué
  transporte des matières dangereuses, communiquer
  les numéros figurant sur
  les plaques orange
  et les symboles de danger).

■ Protéger

Baliser les lieux
Triangle à 30 mètres minimum,
visible à 100 mètres minimum.

■ Alerter

Pas d'affolement

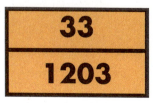

Matières dangereuses : donner les numéros

■ Secourir

Interventions rapides = vies sauvées

Assister les blessés en les protégeant avec des couvertures et en leur apportant un réconfort moral. Eviter tout ce qui pourrait aggraver l'état d'un blessé :
- *ne pas le déplacer (sauf risque d'incendie ou de noyade) ;*
- *ne pas lui donner à boire ;*
- *ne jamais retirer un casque.*

En attendant l'arrivée des secours, certains gestes peuvent sauver des vies. Il est très utile d'apprendre à les pratiquer dans le cadre de cours donnés gratuitement par des organismes compétents.

- Témoin d'un accident corporel : s'arrêter (sinon délit de non-assistance), puis
  - Protéger ;
  - Alerter, (téléphone 15, 17, ou 18) ;
  - Secourir.

| 15 SAMU - SMUR |
| 17 Police |
| 18 Pompier |

ACCIDENT MATERIEL

■ S'arrêter et assurer la sécurité

Communiquer son identité

Quand on est impliqué dans un accident matériel, avec un autre usager de la route, on est tenu de s'arrêter et de communiquer son identité aux personnes concernées. Dans le cas contraire, on commettrait un délit de fuite.

Dégager les véhicules le plus rapidement possible après avoir, au besoin, marqué leur emplacement à la craie.

Mode d'emploi

En cas d'accident, le constat amiable vous permet de bien défendre vos droits.
Pour vous, c'est la garantie :
- de connaître l'identité de l'autre conducteur, et de pouvoir ainsi vous faire indemniser,
- de donner votre version des faits.

Comment procéder ?

En premier lieu, il est impératif que les deux conducteurs remplissent le même document. Ils indiquent au recto leur identité, et donnent les références de leur véhicule et de leur assurance, à l'aide des permis de conduire, carte grise et attestation d'assurance.
Ils décrivent ensuite les circonstances de l'accident, en les illustrant d'un croquis. L'ensemble est signé par les deux parties, qui conservent chacune un feuillet du constat. Dès lors, aucune modification ne doit être apportée à cette partie, pour la validité du constat.
Dans un délai de 5 jours, ce feuillet doit être envoyé à la compagnie d'assurance, une fois le verso complété.

Quelques conseils supplémentaires...

- Si un témoin a assisté à l'accident, n'oubliez pas de prendre ses coordonnées.
- Si l'autre conducteur refuse de remplir ou de signer le constat, relevez au moins son immatriculation, et si possible son nom et ceux des témoins, et prévenez immédiatement votre assureur.
- Par mesure de prudence, et pour vous simplifier la vie, ayez en permanence à bord du véhicule :
  - 1 ou 2 formulaires de constat,
  - un stylo,
  - une torche électrique.

■ Constat amiable

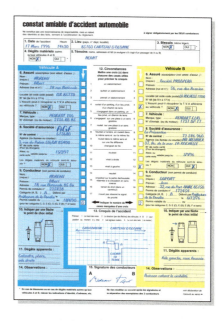

■ Conseils pratiques

A mettre dans le vide-poche

- Que faire si l'on est impliqué dans un accident matériel ?
- S'arrêter, bien évidemment (sinon c'est un délit de fuite).
- Dégager la chaussée si possible, ou assurer la signalisation pour prévenir les autres conducteurs.
- Prévenir si nécessaire une société de remorquage ou un garage.
- Remplir un constat amiable, et l'adresser à son assureur dans les 5 jours.

L'ASSURANCE

ASSURANCE OBLIGATOIRE

Pourquoi l'assurance automobile est-elle obligatoire ?
Au regard de la loi, toute personne qui provoque un dommage est tenue d'indemniser ses victimes.
Or, sur la route, les conséquences d'un accident peuvent être très lourdes :
- au niveau matériel (destruction du véhicule...),
- au niveau corporel surtout (pensions d'invalidité aux victimes, dommages et intérêts...).

En fixant une **assurance minimum obligatoire Responsabilité Civile (ou "au tiers")**, l'Etat a ainsi garanti l'indemnisation des victimes de la route, même en cas d'insolvabilité du conducteur responsable. A défaut d'assurance, le conducteur s'expose à payer lui-même les conséquences d'un accident responsable.

Que garantit la Responsabilité Civile (ou assurance "au tiers") ?
En cas d'accident, c'est la compagnie d'assurance du conducteur responsable (si la responsabilité totale lui incombe) qui indemnise les victimes. Le conducteur, quant à lui, prend à sa charge :
- les dégâts subis par son propre véhicule,
- les amendes éventuelles auxquelles il serait condamné pour les infractions à l'origine de l'accident.

Pour une couverture plus large (dommages causés au véhicule du conducteur responsable ou à sa personne), il est donc nécessaire d'avoir recours à des assurances facultatives.

Assurance Responsabilité Civile :
pour dédommager les victimes.

LA VICTIME EST INDEMNISÉE PAR L'ASSUREUR DU RESPONSABLE

ASSURANCES FACULTATIVES

■ Assurances facultatives du véhicule

- *Dommages-collision* ▶ Dommages subis par le véhicule lorsque le conducteur est responsable d'un accident avec piéton, un animal ou un autre véhicule identifié.

- *Dommages tous accidents (dite "tous risques")* ▶ Dommages subis par le véhicule quelles que soient les circonstances de l'accident (y compris en cas de vandalisme).

- *Vol-incendie* ▶ Disparition, détérioration du véhicule en cas de vol ou d'incendie.

- *Bris de glace* ▶ Bris des éléments vitrés, et éventuellement des optiques.

- *Défense-recours* ▶ Défense devant les tribunaux.

Ces garanties peuvent comporter une "franchise", c'est-à-dire une somme fixe qui reste toujours à la charge de l'assuré responsable.

Accident seul : garantie "tous risques" pour être indemnisé

■ Assurances facultatives du conducteur

- *Garantie du conducteur* Dommages corporels subis par le conducteur.

Un accident corporel peut avoir des conséquences lourdes sur la vie privée et l'exercice d'une activité professionnelle. L'assurance du conducteur garantit **votre** protection au volant, ou celle de tout conducteur occasionnel de votre véhicule. C'est le réflexe sécurité pour vous et vos proches.

Assurance obligatoire responsabilité civile :
    Indemnise seulement les tiers.
Assurance facultative tous risques :
    Indemnise les tiers et l'auteur de l'accident.

SITUATIONS D'URGENCE

Apprendre à freiner avec un professionnel

■ **Freinage d'urgence/Evitement**

Pour bien freiner il ne faut pas bloquer les roues

*On parle de situation d'urgence quand le conducteur doit réussir une manœuvre de sauvegarde pour éviter un accident.
Cette situation ne dure parfois qu'une fraction de seconde.
Un conducteur sûr prend assez de marge pour éviter de se trouver dans ce cas.*

*Si cependant on s'est placé dans une situation d'urgence, l'application de procédures adaptées peut éviter l'accident ou en limiter les conséquences.
L'apprentissage de ces procédures nécessite des exercices pratiques avec l'enseignant de la conduite.*

En présence d'un obstacle qu'on n'avait pas prévu, on peut tenter soit de s'arrêter avant, soit de passer à côté.

Freinage
Le ralentissement le plus efficace s'obtient en freinant le plus fort possible sans toutefois bloquer les roues.
En cas de blocage, la voiture glisse et on perd le contrôle de la direction. Il faut alors relâcher un peu la pression sur le frein.

Evitement
S'il n'est pas possible de s'arrêter avant l'obstacle et s'il existe une échappatoire moins dangereuse que le choc, l'évitement doit être tenté assez tôt pour ne pas imposer une manœuvre trop violente qui déséquilibrerait le véhicule.
Relâcher la pression sur le frein pendant qu'on tourne le volant.

En cas de défaillance soudaine du frein principal :
- Si la pédale s'enfonce beaucoup avant de commencer à freiner, l'actionner plusieurs fois successivement (pompage).
- Chercher du regard l'échappatoire, la zone où un choc éventuel aurait le moins de conséquences.
- Utiliser le frein de secours (frein à main).
- Rétrograder les vitesses.
- Si le choc est inévitable, aborder l'obstacle le plus en biais possible.

■ Défaillance des freins

Garder une échappatoire

Si les roues mordent sur le bas-côté de la route, ne pas freiner brusquement, ne pas donner de coup de volant (on perdrait alors le contrôle) mais :
- maintenir la direction ;
- freiner modérément ;
- revenir progressivement sur la chaussée quand la vitesse est suffisamment réduite.

■ Montée sur le bas-côté

Pas de réaction brusque

Si le véhicule se trouve immobilisé sur la chaussée à un endroit dangereux (passage à niveau, sortie de virage, etc.) on peut le déplacer de quelques mètres en poussant ou en utilisant le démarreur :
- engager la 1ère vitesse ou la marche arrière,
- lâcher l'embrayage,
- actionner le démarreur.

■ Dégager la chaussée

En poussant ou en utilisant le démarreur

■ Remorquage

Panne : appeler un professionnel pour la sécurité

On peut être amené dans des cas exceptionnels à remorquer un autre véhicule sur quelques mètres pour le dégager d'une zone dangereuse. Dans ce cas, il faut :
- utiliser une liaison adaptée (barre, élingue, corde de résistance suffisante) ;
- arrimer la liaison aux points prévus à cet effet sur les véhicules (voir notice du constructeur) ;
- assurer la sécurité en signalant les lieux par tous moyens adaptés (feux de détresse, triangle de présignalisation, etc).

Pour des remorquages de fortune sur des parcours plus longs, le code de la route prévoit de nombreuses dispositions concernant : l'éclairage, le freinage, la signalisation, les dimensions, la vitesse, etc.
Les contrats d'assurance ne couvrent généralement pas ce genre d'opération.
Sur autoroute, le remorquage d'un autre usager est interdit.
Mieux vaut recourir aux services d'un professionnel dans tous les cas.

■ Incendie

Etudier le mode d'emploi des extincteurs au moment de l'achat

En cas de début d'incendie dans le moteur, il faut intervenir rapidement. Couper le contact et déverrouiller le capot.
Avec un extincteur, diriger le jet vers la base des flammes ; faute d'extincteur, étouffer le feu à l'aide d'une couverture.
Ne jamais utiliser d'eau sur un feu de carburant.
Au besoin, l'étouffer en le recouvrant de sable ou de terre.

EVALUATION

■ On retrouve fréquemment le facteur "Alcool" dans les accidents graves de la circulation routière. Dans quelle proportion ?

■ 1
............................%

■ Lorsque les conditions météorologiques sont mauvaises, que peut faire le conducteur pour limiter les risques d'accident ?

■ 2
....
....
....

■ Les accidents de la route font de nombreuses victimes.
En moyenne, combien y a-t-il de tués chaque jour sur les routes de France ?

■ 3
2 par jour .... ❏
10 par jour .... ❏
23 par jour .... ❏

■ Si un conducteur accroche un autre véhicule et ne s'arrête pas pour communiquer son identité, il commet un délit. Lequel ?

■ 4
Refus d'obtempérer .... ❏
Délit de fuite .... ❏
Non assistance à personne en péril
.... ❏

■ En présence d'un accident corporel, comment peut-on protéger les lieux afin d'éviter un autre accident ?

■ 5
....
....
....
....

EVALUATION

■ Quels sont les numéros d'appel téléphonique des services de secours à alerter en cas d'accident corporel ?

■ **6**
Le 12 .... ❏
Le 14 .... ❏
Le 15 .... ❏
Le 17 .... ❏
Le 18 .... ❏

■ En matière d'assurance automobile, comment s'appelle la garantie qui rembourse les dommages causés à la victime ?

■ **7**
. . . .
. . . .
. . . .
. . . .

■ A l'occasion d'un freinage d'urgence, un conducteur appuie très fort sur la pédale de frein et bloque les roues. Quelles sont les effets de ce blocage ?

■ **8**
Il obtient un freinage maximum
.... ❏
Il perd le contrôle de la direction
.... ❏
La distance de freinage est allongée .... ❏

■ Que doit faire le conducteur si les roues de sa voiture montent sur le bas-côté ?

■ **9**
. . . .
. . . .
. . . .
. . . .

■ Comment peut-on éteindre un début d'incendie dans le moteur ?

■ **10**
. . . .
. . . .
. . . .

■ Réponse 1 : *+ de 30 %*

■ Réponse 2 : *Réduire sa vitesse, utiliser les équipements adaptés (feux, essuie-glaces, pneus spéciaux, etc).*

■ Réponse 3 : *23 par jour.*

■ Réponse 4 : *Délit de fuite.*

■ Réponse 5 : *Triangle de présignalisation, feux de détresse, torches électriques, gestes, voiture éclairant les véhicules accidentés, etc.*

■ Réponse 6 : *Le 15, le 17 et le 18.*

■ Réponse 7 : *Responsabilité civile*

■ Réponse 8 : *Il perd le contrôle de la direction.
La distance de freinage est allongée.*

■ Réponse 9 : *Freiner modérément, maintenir sa direction, revenir progressivement sur la chaussée quand l'allure est réduite.*

■ Réponse 10 : *un extincteur, du sable, une couverture, mais pas d'eau.*

CORRECTION

ANNEXES 12

ANNEXES

- PERMIS DE CONDUIRE.

- INFRACTIONS ET SANCTIONS.

- SYMBOLES NORMALISES.

 (commandes et voyants)

PERMIS DE CONDUIRE

■ Catégories

Permis	CATEGORIES DE VEHICULE	Age min.
A	Toutes motocyclettes (puissance limitée à 73,6 kW, soit 100 cv).	21 ans
A (progressif)	Motocyclettes dont la puissance n'excède pas 25 kW, soit 34 cv. Après 2 ans, passage automatique à la catégorie A.	18 ans
A1 (ancien AL)	Motocyclettes légères : - cylindrée n'excédant pas 125 cm^3 - puissance n'excédant pas 11 kW, soit 15 cv.	16 ans
B1 (ancien AT)	Tricycles et quadricycles lourds à moteur.	16 ans
B	Véhicules automobiles dont le poids total autorisé en charge (PTAC) n'excède pas 3 500 kg affectés : - au transport de personnes : huit places assises au maximum plus le conducteur, - ou au transport de marchandises, Une remorque n'entrant pas dans la catégorie E(B) peut être attelée.	18 ans
C	Véhicules automobiles isolés affectés au transport de marchandises ou de matériels dont le PTAC est supérieur à 3 500 kg. Une remorque dont le PTAC n'excède pas 750 kg peut être attelée.	18 ans
D	Véhicules automobiles affectés au transport de personnes : - comportant plus de 8 places assises, siège du conducteur non compris, - ou transportant plus de huit personnes en plus du conducteur. Une remorque dont le PTAC n'excède pas 750 kg peut être attelée.	21 ans
E(B)	Véhicules de la catégorie B attelés d'une remorque dont le PTAC excède 750 kg, si le PTAC de la remorque est supérieur au poids à vide du véhicule tracteur ou si le total des PTAC (véhicule + remorque) excède 3 500 kg.	18 ans
E(C)	Ensemble de véhicules couplés dont le tracteur entre dans la catégorie C, attelé d'une remorque dont le PTAC excède 750 kg.	18 ans
E(D)	Ensemble de véhicules couplés dont le tracteur entre dans la catégorie D, attelé d'une remorque dont le PTAC excède 750 kg.	21 ans

Vue du conducteur

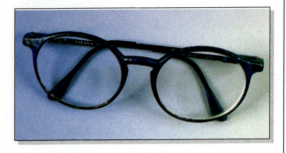

Pour passer un permis B il faut avoir une **acuité visuelle de 5/10èmes minimum** au total des 2 yeux. Un borgne doit atteindre 6/10èmes avec son seul œil. Bien entendu, ces normes sont prises avec **corrections éventuelles**, lunettes ou verres de contact.

Le port de **verres teintés** est **déconseillé** pour la **conduite de nuit**. Les personnes qui portent des verres de contact devraient, par sécurité, avoir une paire de lunettes ou des verres de contact de rechange dans le véhicule. Les borgnes ou les sourds doivent avoir un véhicule équipé d'un rétroviseur extérieur droit.

Permis B automatique

L'épreuve pratique du permis B peut être passée sur un véhicule muni d'un **embrayage automatique.** Dans ce cas, le permis délivré n'est valable que pour la conduite des véhicules munis d'un embrayage automatique.
Mention de cette restriction est portée sur le permis.
Cette restriction ne peut être supprimée qu'à la suite d'une nouvelle épreuve pratique effectuée sur un véhicule à embrayage mécanique.

Pour l'application des dispositions relatives aux catégories B et D, une place assise s'entend d'une place normalement destinée à un adulte. Les enfants de moins de 10 ans comptent pour une demi-personne lorsque leur nombre ne dépasse pas 10.

Le permis A impose des restrictions aux conducteurs novices, s'ils sont âgés de moins de 21 ans. A 18 ans et pendant une période de 2 ans, le titulaire du permis A ne peut conduire des motocyclettes dont la puissance est supérieure à 25 kW (34 cv) ou dont le rapport poids/puissance en ordre de marche (pleins faits) est supérieur à 0,16 kW/kg. Une fois cette période passée, le permis A n'impose plus de restriction, outre la limite des 73,6 kW (100 cv).

Le permis B, quelle que soit sa date d'obtention, autorise à conduire les motocyclettes légères (125 cm^3 de cylindrée et 11 kW - 15 cv de puissance), à partir du moment où le titulaire peut justifier de deux ans d'ancienneté.

■ Nombre de places - nombre de personnes

■ Restrictions au permis A

■ Motos pouvant être conduites avec le permis B

■ Equivalences

Certaines catégories de permis donnent à leur titulaire le droit de conduire des véhicules d'autres catégories.
Les conditions particulières des équivalences sont désignées par des couleurs expliquées en bas des pages.

Permis	Date de délivrance à partir du	A1	A	B1	B	C	D	E(B)	E(C)	E(D)
A1 ancien AL	01.01.85	🟥		🟥						
A	07.96	🟥	🟩							
B1 ancien AT	01.03.99			🟥						
B	—	🟧		🟥	🟥					
C	01.07.90	🟨		🟨	🟨	🟥				
D	01.07.90	🟨		🟨	🟨		🟥			
E(B)	01.07.90	🟨		🟨	🟨			🟥		
E(C)	01.07.90	🟨		🟨	🟨	🟨			🟥	🟦
E(D)	01.07.90	🟨		🟨	🟨		🟨		🟥	🟥

🟥 Equivalence standard, c'est-à-dire correspondant exactement à la définition.

🟩 Accès progressif à partir de 18 ans. Accès direct à partir de 21 ans.

🟨 Catégories de permis obligatoirement déjà acquises avant le permis considéré.

🟦 L'obtention du E(C) donne le E(D) si la personne possède le permis D.

🟧 Après 2 années d'obtention du permis B.

INFRACTIONS ET SANCTIONS

Nature de l'infraction	Type	Art. du Code	Amende Maxi	Amende Forfaitaire Minorée / Majorée	Retrait de Permis (1/09/1995)	Perte de Points Capital initial = 12 points	Divers
Conduite en état d'ivresse $\geq 0,5$ g/l et $< 0,80$ g/l.	Contravention 4è classe	R233/5	5 000 F	600 / 900 / 2500	NON	- 3	Immobilisation du véhicule
Conduite en état d'ivresse $\geq 0,80$ g/l.	Délit	L 1	30 000 F	L'AMENDE	Suspension 3 ans maxi	- 6	2 ans de prison maxi
Délit de fuite	Délit	L 2	200 000 F	EST	Suspension 3 ans maxi	- 6	Jusqu'à 2 ans de prison. Amende doublée si blessure ou homicide
Refus d'obtempérer	Délit	L 4	25 000 F	FIXÉE	Suspension 3 ans maxi	- 6	10 jours à 3 mois de prison
Fausses plaques d'immatriculation	Délit	L 9	25 000 F	PAR LE	Suspension 3 ans maxi	- 6	6 mois à 5 ans de prison
Homicide involontaire	Délit	221-6 code pénal	300 000 F (500 000 F*)	TRIBUNAL	Suspension Annulation	- 6	Jusqu'à 3 ans de prison (5 ans de prison*)
Blessures involontaires	Délit	222-19 code pénal	200 000 F (300 000 F*)	CORRECTIONNEL	Suspension Annulation	- 6	Jusqu'à 2 ans de prison (3 ans de prison*)

* En cas d'imprudence délibérée

NATURE DE L'INFRACTION	TYPE	ART. DU CODE	AMENDE MAXI	AMENDE FORFAITAIRE MINORÉE	AMENDE FORFAITAIRE MAJORÉE	RETRAIT DE PERMIS	PERTE DE POINTS	DIVERS
Défaut de permis (1re fois)	Contravention 5ème classe	R 241/2	10 000 F	Tribunal de Police		NON	NON	
Défaut de permis (récidive)	Délit	L 12	30 000 F	Tribunal Correctionnel		NON	-6	Possibilité d'interdiction temporaire de délivrance peut être prononcée
Non présentation des papiers obligatoires	Contravention 1re classe	R 241/3	250 F	NON	75 F 220 F	NON	NON	les papiers doivent être présentés dans les 5 jours
Arrêt ou stationnement dangereux	Contravention 4ème classe	R 233/1	5 000 F	600 F 900 F 2 500 F		NON	-3	
Arrêt ou stationnement gênant sur voie de bus	Contravention 4ème classe	R 233/1	5 000 F	600 F 900 F 2 500 F		NON	NON	
Arrêt ou stationnement gênant (autres cas)	Contravention 2ème classe	R 233/1	1 000 F	150 F 230 F 500 F		NON	NON	
Arrêt ou stationnement au-delà de la durée réglementaire	Contravention 1ère classe	R 233/1	250 F	NON	75 F 220 F	NON	NON	
Non port de la ceinture de sécurité	Contravention 2ème classe	R 233	1 000 F	150 F 230 F 500 F		NON	-1 pour le conducteur	Une contravention pour chaque occupant non attaché

NATURE DE L'INFRACTION	TYPE	ART. DU CODE	AMENDE MAXI	AMENDE FORFAITAIRE MINORÉE	AMENDE FORFAITAIRE MAJORÉE	RETRAIT DE PERMIS	PERTE DE POINTS	DIVERS
Plaque d'immatriculation non réglementaire	Contravention 3ème classe	R 239	3 000 F	300 F	450 F 1 200 F	NON	NON	
Excès de vitesse - de 1 à 19 km/h au dessus du maximum autorisé	Contravention 4ème classe	R 232/1	5 000 F	600 F	900 F 2 500 F	NON	-1	Retrait de 3 points pour les jeunes conducteurs
- de 20 à 29 km/h au dessus du maximum autorisé	Contravention 4ème classe	R 232 R 232/1	5 000 F	600 F	900 F 2 500 F	NON	-2	
- de 30 à 39 km/h au dessus du maximum autorisé	Contravention 4ème classe	R 232	5 000 F	600 F	900 F 2 500 F	NON	-3	
- de 40 km/h à 49 km/h au dessus du maximum autorisé	Contravention 4ème classe	R 232	5 000 F	NON	NON	Suspension	-4	
- de 50 km/h et plus	Contravention 5ème classe	R 232-1	10000 F	NON	NON	Suspension	-4	
- récidive excès de vitesse de plus de 50 km/h	Délit	L 4-1	25 000 F	NON	NON	Suspension	-6	Récidive : 2 condamnations dans la même année Prison possible : 3 mois
Utilisation d'un anti-radar	Contravention 5ème classe	R 242/4	10 000 F	NON	NON	Suspension	NON	Le matériel et le véhicule peuvent être saisis

NATURE DE L'INFRACTION	TYPE	ART. DU CODE	AMENDE MAXI	AMENDE FORFAITAIRE MINORÉE	AMENDE FORFAITAIRE MAJORÉE	RETRAIT DE PERMIS	PERTE DE POINTS	DIVERS
Non respect de la priorité	Contravention 4ème classe	R 232	5 000 F	NON	NON	Suspension	- 4	Quel que soit le régime de priorité
Dépassement dangereux	Contravention 4ème classe	R 232	5 000 F	600 F / 900 F	2 500 F	NON	- 3	
Changement de direction sans avertir	Contravention 2ème classe	R 233	1 000 F	150 F / 230 F	500 F	NON	- 3	Quand la manœuvre devient dangereuse
Franchissement d'une ligne continue	Contravention 4ème classe	R 232	5 000 F	600 F / 900 F	2 500 F	NON	- 3	
Circulation sur la bande d'arrêt d'urgence	Contravention 4ème classe	R 232	5 000 F	600 F / 900 F	2 500 F	NON	- 3	
Accélération quand on est dépassé	Contravention 4ème classe	R 232	5 000 F	600 F / 900 F	2 500 F	NON	- 2	Quand la manœuvre devient dangereuse
Chevauchement d'une ligne continue	Contravention 4ème classe	R 232	5 000 F	600 F / 900 F	2 500 F	NON	- 1	Chevaucher = rouler à cheval sur la ligne continue
Maintien des feux de route avec véhicule en face	Contravention 4ème classe	R 232	5 000 F	600 F / 900 F	2 500 F	NON	- 1	Quand le conducteur en face a manifesté sa gêne

LES SYMBOLES NORMALISES

Témoin de frein à main

Témoin de starter (essence)

Témoin des feux de position

Commande du klaxon

Témoin de niveau de liquide de frein

Témoin de préchauffage (diesel)

Témoin des feux croisement

Commande des essuie-glaces et lave-glaces

Témoin de charge de la batterie

Témoin d'usure des plaquettes de freins

Témoin des feux de route

Commande de la ventilation

Témoin de pression d'huile

Témoin de dégivrage de lunette arrière

Témoin de feu de brouillard arrière

Ventilation vers le pare-brise

Témoin d'alerte de température du liquide de refroidissement

Témoin d'alerte de carburant au minimum

Témoin des feux de brouillard avant

Ventilation vers le haut de l'habitacle

Témoin de signalisation de danger

Témoin de fonctionnement des clignotants

INDEX ALPHABETIQUE

A

Accélération
  (capacité d')............46 - 132
Accélérateur........................11
Accès interdit.......................65
Accès interdit sur autoroute 190
Accidents corporels..244 à 246
Accidents (facteurs,
  statistiques)............238 à 243
Accidents matériels
  (constat amiable).....246- 247
Accotement........................175
Adhérence......110 - 111 - 215
Aérodrome...............63 - 103
Age (permis).....................259
Agents...............................101
Agglomérations
  ......71 - 127 - 128 - 211 - 212
Aire de service
  sur autoroute..................199
Aire de repos....................199
Alcool, alcoolémie ...225 à 227
Alcootest............................226
Alimentation......................229
Allumage...........................29
Allure............161 - 162 - 214
Ambulances..............101 -135
Amortisseurs......................16
Analyse de sang................227
Annulation
  du permis.............263 à 265
Antivol...............................23
Aquaplaning............14 - 215
Arrêt (définition)................141
Arrêt et stationnement
  gênants..................148 - 175
Arrêt et stationnement
  dangereux......................176
Assistance.........................244
Assurance..............248 - 249
Attelage des remorques........33
Attestation d'assurance 37
Autoroute
  ....77 - 121 - 186 à 204
Avertisseurs lumineux...........50
Avertisseurs sonores......23 - 50
Avertisseurs spéciaux.........101

B

Balises................................76
Bandes cyclables ....80 - 132
Bande d'arrêt d'urgence
  ....77 - 198 - 199 - 266
Bataille.............................149
Bifurcations.............196 à 198
Bis....................................180
Boîte de vitesses.................13
Bornes................................76
Bretelles d'autoroute...........191
Brouillard..................18 - 214

C

Caravanes..................33 à 35
Carrefour à sens
  giratoire..................94 - 140
Carte des autoroutes..........187
Carte grise.........................36
Cartouches...............157 - 180
Cassis................................62
Catégories de permis.........266
Causes d'accidents............239
Ceintures
  de sécurité...............44 - 118
Centrifuge (force)...............117
Certificat médical...............266
Chaînes à neige.................219
Changement
  de direction ..138 à141 - 159
Chargement...............32 - 52
Chaussée (définition).........159
Chevrons..........................193
Circulation alternée............83
Circulation dense...............180
Circulation en file .....137 - 138
Clignotants................18 - 19
Clous................................219
Commandes.......................23
Comportement ...92 -226 - 241
Compteur kilométrique.........21
Conditions
  météorologiques....214 à 219
Condition
  physique.........7 - 225 à 230
Conducteur.............6 - 7 - 240

C

Conduite de nuit ou par
  mauvaise visibilité....210 à 219
Conduite économique ...51 - 52
Consommation....................52
Constat amiable........246 - 247
Contrôle routier........226 - 227
Contrôle technique........30 - 37
Crampons.........................219
Créneau...........................149
Croisements ....165 - 166

D

Danger
  (signalisation)............61 à 64
Délestage.........................180
Délit de fuite.....................269
Démarrer...................44 - 45
Dépannage...............27 - 28
Dépassements
  ..166 à 173 - 194 à 196 - 266
Descente..........................166
Deux-roues ....131 - 132
Déviation (signalisation) 82
Diagonale (structure)............14
Diagonale ceinturée
  (structure)..........................14
Direction
  (signalisation de) ....72 à 75
Dispositif
  de sécurité.............118 - 119
Dispositifs réfléchissants........19
Disque de stationnement.....143
Distance d'arrêt.................115
Distance de freinage..........110
Distance de sécurité
  ....112 à 114- 160 - 193
Documents (à bord) ......36 - 37
Drogue.....................230-232

E

Eclairage et signalisation
  du véhicule................17 à 20
Economies
  d'énergie...................51 - 52
Embouteillage ....141 - 174
Embrayage........................12

Endormissement .... 211 - 228 - 229
Energie cinétique ..... 116 à 119
Enfants (transport d') 31
Ensemble de véhicules 35
Entretien .... 25 à 29 - 213
Epi 149
Equipement
  du véhicule .... 21 à 23
Essuie-glace .... 23 - 24
Ethylotest 227
Ethylomètre 227
Evaluations
  (distances-vitesses) . 109 - 162

F

Facteurs d'accident 239
Fatigue .... 200 - 228 à 230
Feux
  (du véhicule) .... 17 à 20
Feux tricolores .... 97 à 100
Feux coordonnés 100
Feux de détresse .... 20 - 174
Feux en forme
  de flèches .... 98 - 99
Flèche
  de rabattement .... 78 - 79
Flèche de direction 79
Force centrifuge 117
Freins ...... 16 - 110 - 111 - 250
Fusibles 27

G

Gendarmerie
  (véhicules de) 101
Gonflage
  des pneumatiques ...... 15 - 51

H

Homicides et blessures
  involontaires 263
Horodateur 143
Hydroplanage 14

I

Idéogrammes 267
Incendie 252
Indicateurs de changement
  de direction .... 18 - 19

Indicateurs d'usure
  (pneus) 15
Indicateur de vitesse 21
Indication
  (signalisation d') .... 70 à 72
Infractions graves
  (sanctions) .... 263 à 266
Inscriptions (plaque de tare
  et de surface) 33
Intempéries .... 214 à 219
Interdictions :
  - de dépasser .... 167 à 170
  - de stationner
  .... 146 à 148 - 175
Interdictions
  (signalisation d') .... 65 à 69
Intersections
  (définition d') .... 91 - 92 - 164
Intersections encombrées 141
Intersections (priorités de
  passage) .... 93 à 96
Itinéraire (suivre ou
  préparer un) .... 177 à 180
Itinéraire bis 180
Itinéraire de délestage 180
Itinéraire vert 180

J

Jonction d'autoroutes 196

K

Klaxon .... 23 - 128

L

Lampe grillée .... 24 - 27
Lave-glace .... 23 - 24
Lieu-dit 76
Ligne de céder
  le passage 93
Ligne d'effet des signaux 80
Ligne de stop .... 80 - 103
Lignes accolées ou mixtes 79
Ligne d'avertissement 78
Ligne continue .... 79 - 81
Ligne
  discontinue .... 78 - 79 - 81
Ligne de rive 77
Limitation de vitesse
  .... 119 - 121 - 127 - 128
Lubrification 25

M

Manche à air 217
Manœuvres interdites
  sur autoroute .... 198 - 265
Marche arrière .... 13 - 49
Marques sur la chaussée :
  - voies matérialisées ...... 78 - 79
  - voies réservées 78
  - marquage temporaire 83
  - flèches
    de rabattement .... 78 - 79
  - bande d'arrêt
    d'urgence 77
  - arrêt stationnement
    interdit 146
  - voie d'accélération 78
  - voie de décélération 78
Marquage transversal 80
Médicaments .... 230 - 232
Mentions restrictives
  (permis) .... 6 - 7
Montagne 166
Moteur à explosion 11

N

Neige 218
Niveaux
  (contrôle des) .... 25 - 26
Nuit (conduite)
  .... 137 - 211 à 213

O

Objets encombrants 32
Obligation
  (signalisation d') .... 67 - 69
Onde verte 100
Organes (voiture) .... 11 à 23
Oxyde de carbone 29

P

Panne 201
Panne sur autoroute .. 201 - 202
Panonceaux .... 60 - 96
Papiers obligatoires ...... 36 - 37
Parcmètres 143
Passagers .... 31 - 117 - 118
Passages à niveau ...... 62 - 102
Passages piétons
  .... 80 - 129 - 130

Pauses ....200 - 230
Péage ....190 - 196
Permis (catégories)..............266
Permis (examen) 7
Permis (retrait) ....263 à 265
Piétons ....129 à 131
Pistes cyclables ....80 - 132
Plaques de tare et surface......33
Plaques du constructeur 33
Plaques
    d'immatriculation .....33 - 263
Pluie ....161 - 215 - 216
Pneumatiques
    ....14 - 15 - 24 - 26 - 51 - 111
Pneus à crampons
    (à clous) 219
Pneus neige 219
Poids réels, poids total autorisé
en charge, poids total roulant
autorisé, poids à vide....32 - 33
Police, pompiers
    (véhicules) ....101 - 135
Pollution 29

R

Radiale (structure) 14
Ralentisseur 62
Réaction
    (temps de) ....112 à 114
Réduction de la vitesse ..46 - 47
Refus d'obtempérer 263
Regard................................49
Règles de circulation
    ....137 à 141 - 159 à 174
Règles de circulation sur
    autoroute................191- 204
Remorques ....33 à 35
Résistance à l'air..................52
Retrait du permis......263 à 265
Rétroviseurs 43
Rond-points ....94 - 140
Roue de secours ....26 - 28
Roues motrices......................14
Routes pour automobiles 158

S

Sculptures 14
Sens giratoire
    (carrefour) ....94 - 140
Siège 43
Signal de détresse ......20 - 174

Signalisation avancée 75
Signalisation de position 75
Signalisation routière
    ....59 - 79 - 259 à 265
Signalisation routière :
- de danger........................61
- de danger temporaire
    ....62 - 63 - 82 à 84
- d'interdiction et fin
    d'interdiction..............65 à 69
- de direction ....72 à 75
- d'indication ....70 à 72
- d'itinéraire bis 180
- d'itinéraire de délestage...180
- relative aux intersections
    ....93 à 96
- signaux routiers annonçant
une autoroute 189
Signalisation lumineuse :
- feux
    clignotants 99 - 100 - 102 - 103
- feux
    en forme de flèches 98
- feux tricolores..........97 à 100
- flèche jaune clignotante......99
- feux tricolores
    avec panneaux 100
Signalisation autoroutière
    189 - 196 - 198 - 203 - 204
Signes des agents 101
Situations
    d'urgence ....250 à 252
Sommeil............................228
Sortie d'autoroute ....203 à 205
Stationnement :
- définition 142
- interdit........146 à 148 - 175
- alterné ....144 - 145
- payant....................82 - 143
- à durée limitée 82
- par zone..............142 - 144
- en bataille, créneau,
    épi 149
- sur autoroute 199
Statistiques
    d'accidents ....242 - 243
Stop (feux)..........................19
Stop (panneaux) 93
Structure
    des pneumatiques..............14
Style de conduite 52
Suspension 16
Symboles ....60 - 267

T

Tableau de bord 21
Taux
    d'alcoolémie ....226 - 227
Temps de réaction....112 à 114
Tenue de route....................16
Trajectoire....................48 - 49
Transmission ....12 - 13
Tramway............................134
Transport de personnes : enfants
de moins de 10 ans 267
Transport
    en commun............127 - 128
Travaux
    (signalisation) ....82 - 84
Triangle
    de présignalisation 34

U

Usure des pneumatiques........15
Utilisation des feux
    ....17 à 20 - 211 à 216

V

Véhicules lents 134
Véhicules
    prioritaires..............101 - 135
Vent latéral 217
Verglas................................218
Vigilance ....200 - 231
Vignette..............................37
Virages ...49 - 117 - 163 - 164
Visibilité..............161 - 170 - 216
Visite médicale 7
Vision 230
Vitesse ......46 - 47 - 108 à 121
    127 - 128 - 161 - 192
Vitres 24
Voie d'accélération.....94 - 191
Voie de décélération ...94 - 204
Voies réservées..................133
Volant..................................48
Voyage ....177 à 179
Voyants ....22 - 267
Vue 6

Z

Zone bleue 142
Zone de stationnement 144

> Le libellé de certains textes officiels peut parfois prêter à des interprétations différentes. Les textes de cet ouvrage ont été rédigés en fonction d'informations émanant des autorités compétentes ; Ils ne sauraient préjuger de l'appréciation souveraine des tribunaux.

REMERCIEMENTS

Nous tenons à remercier vivement :
    Les Autoroutes du Sud de la France ;
    D.S.C.R., (F. Cepas) ;
    Renault ;
    La Ville de Nantes (R. Routier, S. Ménoret) ;
    Le Zoo des Sables d'Olonne.
ainsi que tous ceux qui ont aimablement collaboré à l'élaboration de cet ouvrage.

Toutes reproductions même partielles interdites.
Toute utilisation informatique interdite.
Editeur : Edition BONNEROUTE - Diffusion MICHELIN Editions des Voyages
B.P. 93 - 85103 Les Sables d'Olonne Cedex
Tél. 02.51.23.11.00 - Télécopie : 02.51.21.31.02.
ISBN : 2-7095-0600-9
Dépôt légal n°0959
Imprimer en C.E.E.